Ruhe und Gelassenheit
erschaffen Liebe

Gunther Scheuring
Drei Blatt hat jeder Baum
© Gunther Scheuring
1. Auflage 2021
Autor: Gunther Scheuring
Titelfoto: © Gunther Scheuring
Grafische Umsetzung: Jeanette Frieberg, Buchgestaltung | Mediendesign, Leipz g
Lektorat: Ina Kleinod

Verlag: tredition GmbH, Halenreie 40-44, 22359 Hamburg

Paperback: ISBN 978-3-347-15670-8
Hardcover: ISBN 978-3-347-15671-5
e-book: ISBN 978-3-347-15672-2

Gunther Scheuring

DREI BLATT *hat jeder Baum*

INHALT

Das besondere Ich

Ich schenke meinem Leben
die Schönheit einer Windrose,
ich lasse es den Morgentau trinken
und im Abendrot leuchten.

Ich verbinde mich mit der wärmenden Sonne,
spüre das helle Licht des Mondes,
liebe den Duft der Eisblumen im Winter
und fühle die Kälte von Kristallen,
die auf der Erde ewig liegen.

Ich gehe bedenkenlos durch die Nächte
und glaube den Tagen jedes Wort.
Ich verzeihe der Liebe ihre Lügen
wenn sie nur sagen kann: Ich liebe dich!

Ich gehe durch den Schnee –
gerade gefallen, weich und warm –
als wäre er Sand vom Strand.

Das Leben will mich!
Alles andere ist ihm egal.
Es schenkt mir die Luft zum Atmen
und zwei Hände, die mich umarmen.

Ich freue mich und ich liebe mich,
so nehme ich Anteil an meinem Leben.

VORWORT

Bewusste Erschaffung von Monotonie zwischen den Gedanken hat schon immer zum inneren Frieden geführt. Die Meditation ist das beste Beispiel dafür. Durch sie gelangt der Mensch zu sich, in seine Mitte hinein und zu seiner eigenen Lebensaufgabe. Eine Leere zu erschaffen, die den Menschen erfüllt, ist ein Schritt, um das eigene Wesen zu erfahren. Kein Mensch kann Herr über andere sein, es ist nur seine Einbildungskraft, die ihn dazu veranlasst, das von sich zu glauben. Von Illusionen gesteuert, verfehlt er dann den Lebenssinn. Der Mensch bleibt dadurch in einer Finsternis zurück, die ihn krank und verbittert werden lässt.

Im gedankenlosen Sein erfährt man die Schönheit des Lebens. Zu Lächeln bedeutet, die Sonne den ganzen Tag zu erfahren. Es ist nicht ganz einfach und gelegentlich mit etwas Anstrengung verbunden. »Von Nichts kommt nichts«, heißt es schon bei dem römischen Philosophen Lukrez. Doch wenn die innere Sonne scheint und das gesamte Herz erfüllt, bringt sie die Augen und die Aura zum Strahlen.

Der Mensch hat sein Glück selbst in der Hand. Und doch macht er sein Glücksempfinden von anderen abhängig, beispielsweise wenn er meint, Liebe zu schenken, und feststellen muss, dass er damit nicht auf Resonanz stößt. Waren die Beschenkten nicht empfänglich oder war das Geschenk keine Liebe?

Ich kann anderen nicht geben, was ich selbst nicht habe. Daraus folgt das Unverständnis darüber, dass man nicht angenommen wird. Wieso und warum auch. Es ist nichts da, was anzunehmen ist. Außer einer Menge schiefer Gedanken, die etwas vorgaukeln und auf die man hereinfällt, in ihrer überzeugten Unwahrheit. Oft entstehen daraus Kontrollsucht, Kaufzwang, Eifersucht, Depression, Allergien, Krebs und so vieles andere. Da kann die liebe Seele nur zuschauen, wofür sich der Mensch entscheidet. Entweder er glaubt eine Menge suizidgefährdende Gedanken, oder er fast einen Entschluss und entscheidet sich für ein besseres und gesünderes Leben, indem er sich mehrmals täglich umarmt und eingesteht, wie lieb er sich hat. Dann spürt er auch, wie seine Seele anfängt zu lächeln, und er fühlt sich wohl im eigenen Körper. Dann hat er verstanden, dass er die Liebe ist, die er braucht im Leben, um andere glücklich zu machen.

Betrachtet man das Cover dieses Buches, entdeckt man eine Widersprüchlichkeit darin: Das Bild zeigt Bäume mit unzähligen Blättern, aber der Titel darunter erzählt von nur drei Blättern. Es deutet die Widersprüchlichkeit des Lebens an, die der Mensch jeden Tag neu erfindet. Die er sich mit Lust und Liebe aufbürdet, weil er glaubt, es müsse so sein. Ein Leben kann nicht in normalen Bahnen laufen, das wäre zu langweilig. Ein paar kleine Widersprüche müssen schon dabei sein, um es einigermaßen erträglich zu machen. Man hat das Menschsein gewählt, und somit sind auch Herausforderungen daran geknüpft.

Die Gedankenmonotonie ist fast gleichzusetzen mit der Meditation. Man bündelt seine Gedanken und entsorgt sie über die Stille. Über einen längeren Zeitraum hinweg wird es ruhiger und entspannter im Kopf. Es fühlt sich zwar an, als ob noch Licht brennt, doch immer weniger Gedanken sind dort zu Hause. Man kappt dadurch die Vielfalt seiner eigenen Gedankenströme und verdünnt sie regelrecht. Aus laut wird leise und leiser, bis sich eine Stille breitmacht, die verlangt, lange gehalten zu werden. Viel Reden, auch im Kopf, macht den Menschen krank und verwirrt. Die Stille will erlernt sein, sie ist die Kraft eines gesunden Geistes. Daraus resultieren die Freiheit und das Vertrauen, aus dem Bauchgefühl heraus zu entscheiden, also der Intuition zu folgen.

EIN BLATT ZWEI BLATT DREI BLATT EIN BLATT ZWEI BLATT DREI BLATT
EIN BLATT ZWEI BLATT DREI BLATT EIN BLATT ZWEI BLATT DREI BLATT
EIN BLATT ZWEI BLATT DREI BLATT

EIN BLATT

Die DREI BLATT hängen dort am Baum vor meinem Küchenfester jedes Jahr, und das schon viele Jahrzehnte lang. Diese einzigen DREI BLATT haben mein ganzes Leben verändert. Weder ihre Farbe, ihre Größe noch ihre Schönheit habe ich bewundert. Es war ihre Anzahl, drei Stück, bewirkten meine Veränderung. Derselbe Ast, derselbe Baum, dieselbe Höhe. Sommer wie Winter, Tag und Nacht, waren es nur diese DREI BLATT. Immer dieselben. »EIN BLATT, ZWEI BLATT, DREI BLATT« zählte ich täglich mehrmals. Ich musste immer nachschauen, dass auch keines fehlte oder eines zu viel da war. EIN BLATT, ZWEI BLATT, DREI BLATT. Alle waren sie jeden Morgen und jeden Abend vollzählig vorhanden. EIN BLATT, ZWEI BLATT, DREI BLATT zählte ich immer und immer wieder. Es waren diese DREI BLATT, die für mich die Welt bedeuteten, die einzigartig waren in meinem Leben.

Gegen nichts hätte ich sie eintauschen oder hergeben wollen. Alles andere war so bedeutungslos geworden gegen sie, meine DREI BLATT. Dreimal am Tag, und das minutenlang, zählte ich sie in tiefster Bewunderung. Noch nie hingen für mich so viele Blätter am Baum, dass ich nicht meine DREI BLATT hätte erkennen und erzählen hören können. EIN BLATT, ZWEI BLATT, DREI BLATT. Es erfreute mich jedes Mal, wenn ich still und ruhig vor meinem Küchenfenster auf einem Stuhl saß und hinausschaute. Ich war ergriffen und begeistert, dass alle noch da waren und ihre Anzahl stimmte.

Ich musste nichts weiter hinzulernen, nichts Ungewöhnliches verstehen – ich brauchte mich nur auf diese DREI BLATT zu konzentrieren. Ich musste es allerdings erst lernen, immer und immer wieder nur bis DREI zu zählen, denn ich war vom Alter her schon weit über die Schulzeit hinaus. Meine Augen sahen und mein Kopf dachte viel mehr Blätter an diesen wunderschönen grünen Baum, als ich in Wirklichkeit brauchte. Die Gedanken wollten weiterzählen, doch es interessierte mich nicht, was mein Denken mir vorsäuselte. Stockte ich, fing ich nochmals an mit meinem ungewöhnlichen Zählrhythmus. Es machte mir Spaß, in dieser immerwährenden Monotonie zu verbleiben und das sich dazwischen schieben wollende Denken zu ignorieren, um drei saftig grüne Blätter zu gewinnen.

Anfangs war es Schwerstarbeit: Ich wusste gar nicht, dass es so viele Gedanken in meinem Kopf gab, die alle etwas zu sagen hatten. Ein Gedanke schrie lauter als der andere. Ich erhielt Androhungen des Verzichtes bis hin zum Mord. Nicht erhörte Gedanken sind ein rebellisches Volk, was man in seinem Kopf mit sich herumträgt – es hat sich unbewusst eingeschlichen, eingeschleimt und man scheint es nie wieder loszuwerden. Es ist eine vorprogrammierte Katastrophe, deren Ausmaß man nicht einschätzen kann. War ich froh darüber, dass ich meine drei Blätter gefunden hatte!

Es war eines Abends, ich saß am Küchentisch und mein Kopf wurde immer schwerer. Ich konnte meine Augen nicht mehr offen halten und er fiel plötzlich unkontrolliert und kraftlos auf die Holzplatte meines Tisches. Was war ich erschrocken! Ein Schmerz stieg in mir auf, eine Beule bildete sich über meinem rechten Auge, und in meinem Kopf brummte es. Der Magen tat auch weh, denn ich hatte nichts gegessen zu Mittag und wenig getrunken den Tag über. Kein Wunder, dass ich diese Körperreaktionen spürte. Ich hob meinen Kopf wieder hoch und sah ziemlich hoffnungslos und deprimiert aus meinem Küchenfenster – und da hingen sie: diese einzig scheinenden drei Blätter am Baum gegenüber, mitten im Sommer. Mein Denken war wie gelähmt, ich erkannte nur diese drei wunderschönen grünen Blätter an diesem übergroßen Blätterball. Damit ich sie nicht wieder vergessen würde, fing ich an, sie zu zählen. Es gab nur diese drei für mich, und ich zählte sie immer wieder: »EIN BLATT, ZWEI BLATT, DREI BLATT«. Es nahm kein

Ende, ich zählte ununterbrochen die halbe Nacht hindurch. Auch dann noch, als es dunkel war. Keinen schien es zu stören, denn alles schlief. Ich fühlte mich von Stunde zu Stunde immer besser, bis ich irgendwann auch eingeschlafen war.

Am nächsten Morgen erwachte ich verändert. Ich saß zwar immer noch am Tisch, doch ich war mit meinem Gedanken noch zu hause. Nicht wie sonst, schon auf der Arbeit, gedanklich im Büro sitzend und Pläne für den Tag machend. Während ich, noch im Schlafanzug, frühstückte, blieb ich gedanklich anwesend. Was war los mit mir? Waren es etwa diese drei Blätter, die meinen Zustand so verändert hatten? Wo war bloß mein allmorgendliches Beim-Frühstück-mich-weg-Denken abgeblieben? Ich aß plötzlich Honig, Ei und Käse zum Frühstück, was für mich gar nicht normal war. Hatten diese drei Blätter nicht nur meine abdriftenden Gedanken, sondern meine alten Gewohnheiten gleich mit entsorgt? Unvorstellbar, dachte ich, das können sie nicht! Diese drei winzig kleinen Blätter standen nun meinem unaufhörlichen Nachdenken gegenüber und erwiesen sich als stärker.

Irgendetwas hat sich da unbewusst verändert in mir, dachte ich. Ich wusste zwar noch nicht was, würde es aber bestimmt erfahren. Davon war ich überzeugt. Da diese Sache für mich gut anfing, beschloss ich weiterzumachen. Es konnte ja nur noch besser werden! Also nahm ich mir zunächst morgens und abends fünf Minuten Zeit und zählte unter dem vielen Grün am Baum in meinem Garten jene DREI BLATT ab. Dieses immer und immer wieder zu tun, an jedem Tag, hatte sich bald als ein Ritual in mein Leben eingeordnet. Und es fühlte sich gut an: In mir schien es langsam ruhiger zu werden, und das sonst so viele unbewusste Denken ordnete sich der Monotonie unter. Das konkrete bewusste Überlegen fiel mir dagegen nicht mehr so schwer, und manche Dinge in meinem Leben schienen einfacher zu sein, als ich immer gedacht hatte.

Ich konnte lange nicht herausfinden, woher ich die innere Gewissheit nahm, dass mein Leben, so zählend, besser funktionieren würde. Ich merkte nur, dass es sich leichter ordnen lies und der Alltag nicht mehr so viele Probleme mit sich brachte. Woher und wieso, ich hatte keine

Erklärung dafür. Es war eben so. Ich dachte leichter und unkompizier-
ter, oder die Dinge ergaben sich einfacher, ohne überhaupt viel darüber
nachdenken zu müssen. Es hatte etwas Wundersames, etwas Magisches
an sich, dieses Wiederholen, dieses unendlich Monotone. Es veränderte
nicht nur meine Sichtweise auf das Außen rings um mich herum, sondern auch ich, in mir selbst, verändert mich auf eigenartige Weise.

Mir fiel auf, dass mein Denken nicht mehr wie bisher alles bestimmen
wollte, in meinem Kopf wurde es ruhiger und ich fühlte mich besonnener.
Ich machte nicht mehr viele Worte und erlebte häufiger Stille. Es war sehr
angenehm für mich, also hatte ich nichts einzuwenden gegen die Veränderung, die diese DREI BLATT in mein Leben brachten. Ich glaubte nur
an sie, Tag und Nacht, und das fühlte sich gut an. Ich sah auch an jedem
anderen Baum nur drei Blätter hängen, und das ein ganzes Jahr hindurch.
Idiotisch, dachte ich, aber nein! Stimmt nicht, ich bin ja dem Land der
Illusionen entstiegen! DREI BLATT – in was für einen Gedankenrausch war
ich da hineingeraten? Ich erzählte anderen davon, doch es wäre besser
mein Geheimnis geblieben, denn Freunde und Bekannte lachten darüber,
selbst meine eigene Familie sah mich etwas zweifelnd an, als hätte sie
Angst, ich würde in eine Demenz abrutschen und es käme sehr viel Arbeit
auf sie zu. Nichtsdestotrotz pflegte ich diese ungewöhnliche Begegnung
mit meinen DREI BLATT weiter. Sie und ich, wir hatten vorher nichts voneinander gewusst, doch nun wurden wir einander vertraut. Wir bauten
eine enge Beziehung miteinander auf und wurden regelrecht unzertrenn-
lich. Weder sie noch ich konnten ohne den anderen existieren. Diese
DREI BLATT waren wie eine wohltuende Tablette, die mich den Tag über
in guter Laune hielt. Ich konnte mich auf sie verlassen. Ich wusste, mit ihr
war ich auf der sicheren Seite im Leben. Weder Drogen noch eine Glau-
bensrichtung hätten mir so viel Zuversicht und Kraft schenken können.

Diese Monotonie enthält übrigens eine unermessliche Fülle an Informationen. Sie besteht aus dem Nichts, das alles in sich trägt. Vor allem
Frieden. Der innere Frieden ist das, wonach der Mensch sich sehnt, was
ihn glücklich macht und unzerbrechlich. Nur DREI BLATT könnten Frieden und Freiheit in die ganze Welt bringen! Unendliche Freiheit erlangt

man durch Zufriedenheit, aus beidem entwickelt sich ein Glückszustand, der den Menschen erneuert und sein Bewusstsein verändert.

> **Man braucht nur DREI BLATT, um erfüllt zu leben: das Selbst, die Liebe und den eigenen Atem.**

Ich musste sogar öfters über mich lachen und dachte: Auf was für einen Blödsinn hast du dich da wieder eingelassen? Mit der Zeit machte es mir sogar Spaß, denn ich hatte eine sinnvolle Beschäftigung gefunden, die keine Ängste in sich trug. Das war die erste Erkenntnis, die ich daraus zog. Trotzdem war die eigene Veränderung ein ganz schöner Stressfaktor: Ich musste mich wieder neu an mich selbst gewöhnen. DREI BLATT und die Kraft der leisen Worte, sie waren nicht immer so deutlich zu verstehen. Aber ein Flüstern war immer zu hören. Also lauschte ich Tag für Tag und Nacht für Nacht in mich hinein und siehe da, die DREI BLATT rauschten. Sie hatten immer etwas zu erzählen untereinander, auch ihr Leben ist von Bedeutung.

Wer mit seiner eigenen Lautstärke nicht zurechtkommt, muss nach innen gehen, damit er in die Ruhe kommt. Sein Denken herunter drehen und die Tonfrequenz der eigenen Gedanken in Wellen der Stille umwandeln. Man sollte seinem Denken sagen, was es zu denken hat, wie laut, wie viel und wie lange. Eine Nacht dauert nicht ewig, der Tag hat auch das Recht, zu leben. Der Schlaf, er geht wie die Ruhe in die Nacht hinein und verschnarcht sich. Aufstehen mit seinen Gedanken, an die frische Luft gehen und ihnen eine Geschichte erzählen, die Reise von den drei Blättern, die vom Baum fallen wollen, weil es Herbst geworden ist und sie schon gelbbräunlich aussehen. Doch der alte Baum will sie nicht hergeben. Er würde dann kahl und nackt da stehen, und das will er nicht. Der Baum, er will sein Kleid behalten, er möchte keines seiner Blätter verlieren, egal wie stark der Wind in sie hineinbläst. Er will das Erschaffene nicht loslassen. Er lässt diese Veränderung, in den Winter zu gehen, nicht zu.

Der alte Baum weiß genau, dass er es muss, die Zeit bringt es mit sich. Noch stellt er sich stur und hält an allem Alten fest. Die abgestorbenen Blätter wärmen und zieren ihn nicht mehr, sie sind bedeutungslos geworden. Das Jahr, die Zeit des Grünseins ist vorbei, sie ist gelebt. Jetzt ist eine Pause angesagt, damit sich Neues entwickeln kann. Etwas, das sich aus der Ruhe und der Stille heraus entfaltet, etwas anderes, Schöneres. Doch der Baum versteht es nicht. Er ist zu alt geworden, um sich noch zu verändern. Er weiß aus vergangenen Zeiten: Wenn der erste Sturm über ihn hinweg zieht, hat er keine Chance, ihm zu trotzen. Auch er muss dem Lebensfluss folgen, was ihm jedes Jahr schwerer fällt.

Das neue Erwachen im Frühling ist das Erquickende am Leben. Altes loslassen und Neues zulassen, damit sich die Dinge verändern können, dies ist der Verlauf eines Menschenlebens. Altes gegen Neues austauschen. Die festgefahrenen, überalterten Denkmuster bewusst durch Affirmationen aus der Denksubstanz im Kopf herauslösen. Die Blockaden lernen dann, den Lebensfluss nicht mehr zu tangieren. Sie lehnen sich nicht mehr auf und das Spiel ist beendet, den Menschen mit vielen Gedanken täglich an die Wand zu nageln. Die Monotonie sprengt fest sitzendes Denken in die Luft. Sie reist es mit den Wurzeln aus.

Von alleine geschieht nichts. Es ereignet sich während der vielen Arbeit an sich selbst. Wie, wann und wo, kann nur die eigene Körperverfassung beantworten. Wie tief muss man in sich graben, um an die Wurzeln, die Ursachen zu gelangen, und wie vielfältig sind sie? Wie viele Ängste trägt man in sich, die anzuschauen, zu bearbeiten und loszulassen sind?

Vor dieser vielen und anstrengenden Arbeit hat der Mensch Angst. Er könnte mit Schmerzen und Verwirrungen konfrontiert werden, welche ihm vielleicht noch mehr Schwierigkeiten machen. Das darunter oder dahinter sein freies und ungezwungenes Leben erscheint, ist ihm nicht so richtig bewusst. Deshalb zweifelt er an jedem Vorhaben, das seine Veränderung betrifft. Der Mensch hat mit der Einfachheit nichts am Hut. Er lebt schon mehrere Jahrzehnte lang in komplizierten Denkmechanismen. Warum diese aufgeben? Es hat doch funktioniert bis jetzt, wenn auch unter größter Anstrengung und anhaltenden gedanklichen Kämpfen. Er hat es überstanden und lebt noch heute, und das mehr recht als schlecht. Er gibt sich zufrieden, mit diesem Scheißleben, wie er es immer bezeichnet, wenn etwas nicht nach seinem Kopf geht. Nicht bewusst, aber unbewusst zeigt es ihm seine ständige Unzufriedenheit an.

Dies könnte sich durch das viele Zählen der DREI BLATT am Baum verändern. Wenn er sich bewusst machte, warum er dies tut, und wenn er sich die Freiheit nähme, an sich zu glauben. Die alten Zeiten wären vorbei, und er würde ein neuer und offener Mensch auf dieser Erde sein. Er hat das Recht, hier zu sein, deshalb ist er ja gekommen. Er kann erblühen und sich selbst leben, so lange wie es geht, gesund, gedankenlos und in Liebe.

Dies schafft der Mensch alles selbst, wenn er sich traut, die Stille in sich zu erfahren. Er darf bleiben, wenn er sich liebt, aus tiefstem Herzen heraus. Wenn er die Erde liebt, als wäre er sie selbst. Wenn er jeder Blume Wasser gibt, sodass sie nicht verdurstet. Erschafft er nur freundliche Worte, öffnet sich das Herz von allein.

Du glaubst dir oft selbst nicht, dies ist der größte Irrtum in deinem Leben. Wobei es nichts gibt, was dir näher ist, als du selbst. Vertraue jedem Atemzug, den du nimmst. Verliere kein einziges Blatt, denn der Baum zeigt dir die Blätter, damit du sie betrachtest. Schwebe in ihrer Lebensfreude, in ihrem Tun. Vertraue dem Baum, er sagt dir die Wahrheit. DREI BLATT hat er dir zu bieten, sammle sie auf mit deinen Augen und lebe sie in der Finsternis. So werden Tag und Nacht sich gleichen und du wirst nie einsam sein. Du wirst nicht bemerken, ob du noch lebst oder den Tod schon erfahren hast. Er zeigt sich, indem die Vergangenheit geht, sie verlässt dein Leben und du bist ohne Qual. Spüre den Reichtum, frei zu sein für den Moment.

Zähle, zähle, zähle! So viele Blätter hatte ich noch nie bewusst gesehen: drei Stück, und sie hingen das ganze Jahr hindurch an diesem Baum auf dieser Erde. Ich verstand den Sinn, der dahinter stand, erst nach Jahren der Meditation. Tiefer kann man sein Leben nicht prägen als im ständigen

Zählen. Die Wiederholungen, sie befreien. So zwingt man die mächtige Gedankenkraft, sich in geordneten Bahnen zu bewegen. So traut man sich wieder Stück für Stück, sein Leben selbstbestimmt aufzubauen.

Sag nicht nein und sei nicht töricht! Geh der Liebe ein Stück entgegen, auch sie zählt schon ein Leben lang DREI BLATT, die man ihr schenkte. Das erste Blatt ist der Gruß, den das Leben nur dir widmet. Im zweiten Blatt sollst du dich vergessen in all dem Lebensgedränge. Das dritte Blatt zeigt dir nur Sonne am wolkenlosen Himmel. Betrachtest du diese Blätter ganz still und siehst darauf den Morgentau, dann erfährst du, wie es sich anfühlt, in diesem Leben geliebt zu werden.

Ohne die eigene Aufmerksamkeit verliert man sich im Reden der anderen. So bedeutungslos soll mein Leben nicht sein! Ich besitze nur dieses eine in diesem Körper, und dieses lebe ich, weil es das meine ist. Ich weiß, auch das Außen ist ein Teil von mir, was oftmals mein Innen sehr begrenzt. Körperlich hat es eine Form, doch die Schwingung darin, sie zieht um die Erde. Man schränkt sich ein, wenn man sich selbst nicht glaubt, zur Freiheit führen die stillen Worte.

Was das Leben in der Wirklichkeit braucht, um zu existieren, weiß es selbst. Nur der Mensch tappt noch im Dunkeln, er macht ein Problem nach dem anderen daraus. Er zieht regelrecht die Angst in sich hinein, um nicht mit dem inneren Selbst arbeiten zu müssen. Er verweigert es, sich selbst sehen zu wollen, an einem Baum, in Form grüner Blätter, welche nur der Wind bewegt.

Das Leben weiß, dass es lebt und was es für eine Bedeutung für den Menschen hat. Doch leider schaut der Mensch noch nicht danach. Es interessiert ihn nicht die Bohne. Zu fremd ist er sich geworden über all die Jahre im Gedankenkrieg der vernebelten Götter. Lieber fremdbestimmt leben, als keiner eigenen Bestimmung zu folgen. Das ist seine Lebensphilosophie. Er räumt alles aus, was mit Gefühlen, Achtung und Wertschätzung zu tun hat.

Der Mensch steht sich selbst im Weg und glaubt, mit Denken sein Leben zu bereiten. Mit Hoffnung und Vertrauen ist er mit seinem Denken eins, dabei überhört er die leisen Schreie seines liebenden Herzens. Werden Gefühle unterdrückt, fängt ein Herz an zu zerbrechen, weil man es mit Gedanken so vollpackt, dass es kaum Luft bekommt. Freiräume, die es braucht, um sich zu regenerieren, verschwinden immer mehr. Der Mensch lebt unter blattlosen Bäumen. Da braucht er sich nicht zu wundern, dass er keine Früchte erntet. Das Herz braucht täglich Waser, damit es sich von der Lebenslast reinwaschen kann. All der Gedankenmüll verstopft ihre Gehörgänge. Das Herz kann mit Blindheit und Vor-sich-Davonlaufen nichts anfangen. Es lebt die Geister der Natur, denn es ist darin groß geworden.

Schenke dir jeden Tag ein Blatt der Erkenntnis und du wirst unter einem grün blühenden Baum liegen und jeden Tag die Sonne sehen.

Man erntet das, was man sät. Liebe braucht nun mal, geliebt zu werden. Um zu wissen, was es heißt, ein glückliches Leben zu führen, benötigt man intakte Gefühle. Ohne Liebe steht der Mensch vor einem kahlen Baum, als wäre es mitten im Winter. Er wird frieren, weil kein Blattkleid ihn wärmt. Ist er erst einmal eingefroren, braucht er sehr viel Sonne, um sein Herz wieder zu erwärmen. Er kann sich nur selbst mit lieben Worten schützen, mit einer innigen Umarmung oder einem herzlichen Händedruck. Ohne dies bringt der Mensch sich in einen Leidensdruck hinein, wie andere es schon vor ihm taten.

Er sieht nicht mehr den Frühling, der die Liebe erschafft im Erblühen. Spürt immer nur den frostigen Winter, wie er sich kalt um ihn herumlegt. Warum fühlt der Mensch seine eigene Wärme nicht, die er in sich trägt, oder die Geborgenheit, die er braucht, die er schon in sich hat, aber nicht erkennt? Nur ein klein wenig Vertrauen zu sich selbst lässt schon das erste Blatt wachsen. Im Erwachen der Frühlingssonne setzt der Baum seine Triebe an. Der richtige Standort im Gedankendschungel macht es dem Menschen leichter, zu atmen.

Das viele Denken braucht eine Führung, um aus seinem Denkprozess herauszufinden. Glück bringende Worte sind die Erlösung aus der Gedankentyrannei. Liebe, Liebe, Liebe! Mehr braucht der Mensch nicht zu wissen. Sie allein erfüllt sein Herz. Weder Anstrengung noch unendlich viel Gerede, Zoff, Streit oder Unzufriedenheit erzeugen strahlende

Augen. Aus Groll heraus entwickelt sich kein Frieden, weil darin keine Erkenntnisse über die Selbstzuneigung liegen. Solange der Mensch sich nicht intensiv mit seiner Liebe beschäftigt und sie so seinem Herzen vorenthält, wird er nicht wirklich erfahren, was es heißt, glücklich zu sein. Ein zweites grünes Blatt kann erst wachsen, wenn er den Baum der Erkenntnis mit Wasser begießt, sodass er gedeihen kann.

Kein Erkennen, kein Fortbewegen. Keine Veränderung, die Augen öffnet. Wie lange noch soll das Leben des Menschen fruchtlos bleiben? Es hilft schon ein kleiner Sonnenstrahl, der Licht ins Dunkel bringt. Der Mensch selbst kann den Überschuss an Gedanken in sich stoppen, wenn er reinen Tisch macht mit seinem »Vorgesetzten«. Das Ego ist sein Blockierer der Lebensfreude. Es macht alle Bäume und Sträucher kahl und kein einziges Blatt lässt es grün werden. Das Ego hat mit Eigenliebe nichts am Hut.

Verwelkte Blätter zeugen nicht von Lebensenergie, sie sind der Lebensherbst, der sich ankündigt. Es sind die letzten Tage mit wenig Sonnenschein. Zu früh ging der Sommer, er hatte grade angefangen, da vergaß der Mensch sein Glücksgefühl. Jetzt steht er da und jammert, denn ohne Liebe kann er nicht erblühen. Er muss auf den nächsten Frühling warten, doch inzwischen vergeht das Jahr. Das Warten und Verharren kostet teure Lebenszeit.

Der Mensch wird älter und immer älter, hat alle Blätter von seinem Lebensbaum abfallen lassen, nachdem er sie nicht einmal gefühlt hat, kein einziges, das wunderschön grün für ihn war. Er wird in die Fülle hinein geboren, kahl und grau geht er aus dem Leben. Warum tut er sich das an? Weiß er wirklich, was er mit sich macht? Wie oft ist er schon hingefallen und hat sich die Knie aufgeschlagen. Muss ein Aufstehen denn immer wehtun? Scheinbar doch! Er wird von so vielen Gedanken begleitet, sie versperren ihm die Sicht auf den Weg ins freie Leben. Ausgepowert, kraftlos und müde, kriecht der Mensch zu Kreuze in seiner letzten Zeit. Er bleibt auf den Erinnerungen an seine Vergangenheit hocken. Erinnerungen, die er nicht mag. Er wird gebrechlicher, denn die Last des Lebens will nicht weichen, der Mensch nimmt sie mit in sein Grab.

Er kann nur auf eines der nächsten Leben hoffen, auf eine neue Gelegenheit, zu erblühen. Grün bleibt grün und grau bleibt grau, der Mensch muss sich entscheiden. Leiden oder lieben, worauf wartet er noch?

Wenn sich ein Umdenken ereignet, dann versteht der Mensch plötzlich, wer er ist. Ungefähr zehn Monate braucht der Säugling, um auf den Beinen zu stehen, noch etwa drei Monate, um sicher freihändig laufen zu können. Diese Zeit reicht, dann muss der Mensch losziehen, auf seinem grün gepflasterten Weg ins Leben. Von Sonnenstrahlen begleitet, kann er hineinsausen in die Welt. Er findet das, was er braucht, und lernt für sein Leben. Wer nichts festhält, kann auch nichts verlieren. Der Mensch lebt frei, wenn er aus der Gedankennot entflieht. Wer aus dem Herzen heraus lebt, der glaubt an sich selbst und liebt sich auch. Mit dem Verstand regelt der Mensch materielle Dinge, über das Fühlen erfährt er sein Leben. Dann findet er von alleine zurück, wenn er genug gesehen hat, aus seiner Sicht.

Beseelt und lebendig zu sein, ist ein großes Wunder.

Der Mensch gelangt nur über die drei Blätter in das wirkliche Leben hinein. Erst wenn er sie bewusst sieht, sie einatmet und ausatmet, lebt er darin. Dann hat nichts anderes mehr Platz in seinem Kopf als das eigene Leben. Das Vorbestimmte, die Natürlichkeit und das freie Sein, das ist die Kunst, sein Leben zu erfahren. Indem er sich unentwegt in der Natürlichkeit aufhält, löst er sich aus gedanklichen Zwängen heraus. Die Einfachheit muss er annehmen, darin leben und sich jeden Tag zum Geschenk machen.

Weder Streit noch Unzufriedenheit sind eine Lösung. Das Leben verlangt nur Stille, um sich darin aufzuhalten. Der Weg, still zu werden, ist keine Anstrengung, die das Leben dem Menschen abverlangt, sondern reine Monotonie – der Schönheit der Blätter – in die sein Denken versinkt. EIN BLATT, ZWEI BLATT, DREI BLATT. Das Lautlose in jedem

Moment. Der wahre Glaube in ihm selbst ist das momentan Geschehende, alles andere ist verfälschte Liebe. Im Alleinsein erhebt er den Anspruch auf sein Leben. Dort, wo sich keine Wege kreuzen, wo er selbst der Weg ist. Wo sich die DREI BLATT ordnen, die er am Baum hängen sieht, als wären sie ein Teil von ihm. Den ganzen Tag hindurch sagt er in der Wiederholung: EIN BLATT, ZWEI BLATT, DREI BLATT. Mehr hat der Tag ihm nicht zu erzählen, das Wissen erwächst dann aus dem Menschen selbst heraus.

Alles, auch wirklich alles, was der Mensch braucht, hält kein Außen für ihn bereit und auch nicht die Lügen der Vergangenheit, in die er sich wieder verstricken würde. Kein Mensch braucht gewesene Zeit, undenkbar ist das Aufleben darin. Wer nicht loslässt und stattdessen gedanklich nur aus Vergangenem besteht, wird ständig ein Trödler bleiben. Man lernt nichts aus der Vergangenheit, man erkennt nur an, dass sie gewesen und vorbei ist. Es gibt nur damalige Erkenntnisse, aber die Gegenwart erschafft andere Wunder, das Alte ist darunter begraben. Nichts von vorher ist von Bedeutung, die Vergangenheit ist schon gelebt. Ist man gedanklich frei von den Zwängen der gewesenen Zeit, ist man offen für das Heute und Morgen.

Lass dich fallen in den Moment hinein! Umarme dich, als begegnetest du dir zum ersten Mal! Neugierig darfst du sein auf das nächste Empfinden, die nächste Minute! Es wird nur das in deinem Leben geschehen, was du für dich gebrauchen kannst. Im Verstehen und nicht in der Verneinung liegt der wahre Grund aller Erscheinungen. Im »Ich bin« und »Ich darf sein« erfüllt sich für dich dein Leben.

Wenn man seinem Denken eines Tages begegnet und darauf aufmerksam wird, dass man gar nicht sein Denken ist, fängt man an, auszusortieren. Man fängt an, jeden Gedanken zu betrachten und sich zu fragen, ob es sich lohnt, ihn weiter zu verfolgen. Ohne Auswahl der Gedanken verfällt man irgendwann den Gedankenwahn. Immer, wenn ich meine Denkmaschine bemerkte, erinnerte ich mich an die drei Blätter, und sofort begann ich sie wieder zu zählen: EIN BLATT, ZWEI BLATT, DREI BLATT. Nach kurzer Zeit schon verlor sich von ganz alleine der

Gedankenmüll zwischen den Blättern, wohin auch immer. Ich jedenfalls war befreit davon und fühlte mich gut. So schnell konnte sich meine Denksituation verändern. Diese drei Blätter schoben das Denken beiseite und ich fühlte mich selbst.

Der Mensch braucht das Denken nicht. Aber das Denken braucht den Menschen. Es macht ihn kraftlos, lieblos und verschwenderisch. Wähle daher sorgsam aus, was du denken willst, und sei sparsam mit deinen Äußerungen. Das Leben gibt nur so viel frei, wie es selbst ertragen kann. Nimm alle Kraft zusammen, die du hast, und sorge für dich in Liebe. Gewähre jeden Atemzug den freien Durchgang zu deinem Leben. Trete heraus aus der Täuschung und lass dich ins Gedankenlose fallen. Alles ist ständig in Bewegung. Mach dich frei von den Zwängen, sei gedankenlos im Gedankenstrom.

Sei das kleinste der großen Dinge, dann kannst du die Wirklichkeit erfahren. Gib den Synapsen in deinem Hirn die Möglichkeit, Neues entstehen zu lassen aus dem Moment heraus. Vergiss den Zweck, er widerspricht der Natürlichkeit. Die Zeit lebt sich von alleine, sie braucht kein Menschenauge dazu, denn es sieht zu viele Nebelschleier.

Ausgebrannt ist der Mensch nur, wenn er keine Achtung vor sich selbst hat. Er kennt keinen Grund dafür, sich ständig verlieren zu müssen, aber er tut es. Achtsamkeit ist kein Wort für ihn, er hat es noch nie benutzt. Warum verschwendet er Lebenszeit? Es gibt nicht viel, was einen so hohen Wert hat wie Achtsamkeit. Wer mit ihr ein Haus der Liebe baut, kann darin Freude ansammeln. Sich lieben heißt, geliebt zu werden, im Einklang mit den drei Blättern. Man braucht so wenige Gedanken dazu, doch sie reichen für ein ganzes Leben.

Öffne dem Tag die Tür und lade ihn ein in dein Leben! Höre genau hin, was er dir zu sagen hat! Zähle die drei Blätter, in denen du dich verstehst. Werde immer besser im Dich-Erwählen. Du erhältst deine innere Balance nicht dadurch, dass du dich durch das Leben balancierst. Vom Aufstehen bis zum Schlafengehen solltest du leben und erleben. Kein leichtes Unterfangen, aber eine Arbeit, die sie lohnt! Du brauchst nur DREI BLATT jeden Tag, deren Schwingungen du spürst und deren Aussagen du verstehst. Lebe die glücklichen Stunden deiner gedankenfreien Zeit und singe das Lied der Liebe!

Der Mensch bekommt immer mehr Antworten auf seine Lebensfragen, wenn er sie sich bewusst stellt. Auch dann, wenn er denkt, sein Leben pendelt hin und her oder bewegt sich nicht von der Stelle. Es liegt an ihm selbst, wenn er nicht bemerkt, was das Leben ihm zu sagen hat. In Tausenden Sprachen spricht das Leben, doch nur eine ist für ihn gedacht, kann er verstehen. Er muss nur hinhören und hinschauen. Dann versteht er: Langsam, ruhig und in Bildern zeigt sich sein Leben, wie ein kleines Kunstwerk, das verstanden werden will. Er selbst ist der Meister, der daran herumbastelt.

Das Leben bestimmt selbst, wo es langgehen möchte. Wie lange braucht der Mensch noch, um zu verstehen, dass dieses Leben, dieser Körper und dieses kräftige Herz allein ihm gehören. Dass er sorgsam, erhaltend und liebevoll mit allem umzugehen hat? Das Leben hat es nicht einfach, wenn ihm ein störrischer Mensch gegenübersteht. Es fühlt sich veralbert, begrenzt und eingesperrt. Muss man Leid unbedingt erfahren, wenn man es auch genauso gut loslassen kann? Warum hat der Mensch das Interesse an sich verloren und nutzt seine Lebenszeit für leidvolle Erfahrungen? Diese Zeit wird ihm vom Leben angeboten und geht durch Leiden verloren. Lebensmüde zu sein, ist kein Bedürfnis, eher eine Missgunst sich selbst gegenüber. Man sollte die Zufriedenheit in seinen Worten finden, auch wenn es Nacht ist und man glaubt, dass man schläft. Man sollte am Tag Geschichten von der Liebe erzählen, in denen man selbst die wichtigste Person ist.

Den Menschen prägt nur das, was er selbst imstande ist, zu erschaffen. Bedingungslos, voller Freude und im Einvernehmen mit sich selbst. Eine Lebenstür nach der anderen wird aufgehen, wenn er sich traut, »Ja!« zu sich selbst zu sagen und »Nein!« zu allem, was ihn ausbremst und was sich nicht gut anfühlt. Nein zu sagen, ist oftmals viel schwerer, als ein Ja über die Lippen zu bringen, weil dann das Leid endet und das Mitleid auch. Ein lautes Nein ist ein stilles Ja für mich, für mein Selbstmitgefühl, was mich innerlich tanzen lässt.

Die eigene Hilfe, wie die Selbstliebe, ist das Unverständlichste, was dem Menschen begegnen kann. Hilfe besteht für die meisten nur aus Jasagen und meint damit, Gutes zu tun für andere. Das Außen hat sich gefreut, aber die eigene Schwäche tritt ein. Je mehr Selbstverachtung man lebt, je größer wird der Leidensdruck. Unbewusst und ungewollt erschafft man so die eigene Kraftlosigkeit und wundert sich dann, dass man etwas gegen Depression einnehmen muss, verbunden mit Schmerzmitteln, damit man nachts ruhig schlafen kann. Hilflos macht man sich, indem man die Körpersprache ablehnt, also die Zeichen des eigenen Herzens ignoriert, nur weil man glaubt, dass der eigene Körper vorübergehend spinnt. Weit gefehlt, er meint es ernst! Jede Krankheit ist über Gedankenströme messbar, die in verkehrte Richtungen gelenkt werden. Um wieder gesund zu werden, muss man sein Denken drehen. Aus der Starre in die Beweglichkeit bringen.

| **Frage die drei Blätter, sie zeigen dir den Weg.**

Tiefgreifende Heilung vollzieht sich immer über die Aktivierung der Selbstheilungskräfte. Das Ausmerzen der eigenen Instabilität geschieht durch Sparmaßnahmen beim Helfen im Außen. Durch das bewusste Aussortieren von Gedankenfröschen, die im Leben nur so herumspringen und glauben, von großer Wichtigkeit zu sein. Der Mensch fasst sie sogar in Worte, damit sie glaubhaft erscheinen sollen. Was für ein Selbstbetrug! Was für Lügen tischt man sich selbst im Leben auf, um schmackhaft erscheinen zu lassen, dass man sich nicht um sich selbst kümmert.

Lieber Mensch, öffne die Tür deines Gedankenzaunes, den du um dich herum gebaut hast. Warum sperrst du dich ein und lässt kein freies Denken zu? Warum blockierst du dich, wenn du auch du selbst sein kannst? Ignoranz ist der schlechteste Lebensberater, den du dir aussuchen kannst. Du fügst dir nur selbst den größten Schaden zu. Körperlich und seelisch entsteht Leid, oft irreparabel, indem du dich krankhaft vergisst und noch nicht einmal weißt, wie es dazu kommt.

Das eigene Leben muss ständig gedanklich aufgeräumt werden, weil man immer nur herumdenkt, aber nicht zur Ruhe kommt, im Glauben an die Erschaffung eines besseren und schöneren Lebens durch Gedanken. Der unberührte Tag hat das Sagen! Er spricht nicht, weil er reden muss, er spricht, weil er schweigen kann. Darin liegt Wahrheit und Ehrlichkeit. Unwahr ist all dieser Gedankenfrevel, schockierend und quälend zugleich. Außer Hilflosigkeit und Wut, die sich breitmachen, hat das Sichdarüber-Gedanken-Machen nichts zu bieten. Gesund bleibt der, der wenig über sein Leben nachdenkt. Sterben müssen wir alle, doch die Zeit bis dahin gilt es bewusst zu leben und nicht zu vertrödeln.

Man kommt ohne die Liebe nicht aus im Leben. Sie ist zu einem wichtigen Bestandteil geworden. Ohne dass man weiß, dass es Liebe ist, entsteht sie in jeden menschlichen Körper. Sie ist die Wichtigkeit des Seins. Sie hält uns am Leben und lässt uns wieder gehen. Sie weiß das Leben einzuordnen und kann es lieben und führen. Ob der Mensch es will oder nicht, es ist die Liebe, die ihn antreibt. Auch wenn er in seinen Ängsten lebt, fühlt er noch etwas anderes in sich. Er wird sich nie aufgeben, weil er von der Liebe besessen ist, auch wenn er von seiner Schwäche aufgezehrt wird.

Egal wie tief verdrängt die Liebe in ihm ist, hat er doch immer noch die Chance, zu ihr zurückzukehren. Er begegnet ihr ständig, wird täglich mit ihr konfrontiert. Da er ein fühlendes Wesen ist, spürt er, dass da irgendetwas ist, was er braucht. Wie oft und wie lange muss er sich noch an andere verschwenden? Keine Liebe dauert ewig, glaubt der Mensch. Irgendwann hat man sich in jeder Beziehung an sie gewöhnt. Und wenn nur noch Gewohnheit übrig ist, wechselt die sterbende Liebe oft in eine Krankheit über. Dabei ist sie immer da, sie wehrt ein Leben lang im Menschen.

Bring dem Frühling die Blumen und pflücke sie nicht! Er erwacht in deinem Herzen und die Natur zeigt dir nur, wie schön und warm sie sich anfühlt. Erlebe das einmalige Schauspiel des Erwachens in dir! Sei du selbst, gedankenlos, erblühend und wunderschön. Spüre den Frühling immer wieder aufs Neue in dir, egal wie kalt es draußen ist.

| Der Mensch lebt von Erkenntnis zu Erkenntnis.

Ein ganzes Leben lang freuen wir uns jeden Tag wieder, zu erwachen. Die Entdeckungsreise endet nie, wie auch ein Seelenleben ewig dauert. Unser Körper wird nicht der einzige sein, den sie dazu braucht. Die Zeit stellt alles zur Verfügung.

Der Zeitpunkt des Erwachens ist das Maßgebliche im Leben. Ist der Geist dazu bereit, erhält er Unterstützung von der Zeit. Sie schenkt dir unendlich viele Momente des Glücks. Freue dich mit ihr, dass du sie leben darfst. Selbst der Frühling zu sein, ist wie eine Bootsfahrt im Sonnenschein. Du treibst dahin, weißt nicht wohin und trotzdem bewegst du dich. Darin liegt die Wichtigkeit deines Lebens, es ist die Fortbewegung. Atme jedes Erblühen des Frühlings ein, es ist dein Leben, das sich darin zeigt! Begleite dich selbst und hilf dir zu verstehen, dass du dein eigener Frühling bist – und nicht dein Denken.

Geh mit deinem Fühlen um, als wärst du in einem leeren Raum, indem du nicht wirklich bist. Er ist in dir, um dich herum und du darfst nur sein. So fühlt sich Leere an, die sich füllt mit Nichts von dir. Lebe den Moment, mehr hat das Leben nicht für dich. Es ziehen so viele Momente an dir vorüber, du kannst diese Geschenke gar nicht alle annehmen. Dir fehlt das Verstehen und die Zeit dazu, sie alle auszupacken. Sie tragen dein Wachstum in sich. Begreife, dass du der Zeit immer mehr Raum geben musst, um schneller zu wachsen. Alles ist begrenzt, nur die Zeit nicht, sie lebt sich in Ewigkeit. Diesen kleinen Anteil, den du darin lebst, solltest du für dich nutzen. Du bekommst keine zweite Chance. Dein Leben lebt andauernd, nur die Zeit schiebt sich dazwischen, um es für einen Moment aufzufangen. Bist du dieser Augenblick, lebt der Moment länger.

Auf Wut und Verzweiflung wächst kein Gras, aber daraus entsteht die Asche des Lebens. Das Verbrannte und Verbrauchte der Gefühle findet sich darin wieder. Die tiefen Schmerzen, die das Herz in sich trägt, hinterlassen Spuren im Körper. Es sind die gedanklichen Furchen, die der Mensch selbst zieht in seinem Leben und in denen er oft bis zum Hals drin steht, die seine Kreation sind. Er weiß nicht, wie er sein Denken, dieses viele Nachdenken, verlassen kann. Dabei braucht er nur sein Reden zu minimieren. Die Stille in ihm ersetzt das laute Denken. Sie benutzt kein einziges Wort, das kränkt.

Fühle den wahren Zustand deines Herzens und gib ihm die Chance, dich zu lieben. Schweige mit ihm, solange du kannst, dies ist die Kunst, das eigene Leben zu erfahren. Alles andere ist nur leeres Gerede. Schwimme gedanklich nicht von dir weg. Bleibe immer in der Nähe von dir. Sei das Ufer, das du immer siehst und jederzeit erreichen kannst. Wer sich in gedanklichen Weltenmeeren verloren hat, der schwimmt wahllos in der Gegend herum und bremst sich selbst aus. Freiheit heißt, frei zu SEIN, und Liebe heißt, geliebt zu WERDEN. Umarme dich inniglich und lange. Niemand kann dir so viel Wärme und Geborgenheit geben, wie du selbst.

Verzeihe dir deine Schwächen. Komm in deine Kraft und gehe mit dir gemeinsam durch dein Leben. Es werden dich fortan Menschen begleiten, die du vorher noch nie gesehen hast. Sie sind auch auf dem Weg. Redet miteinander, damit ihr die Stille erfahrt. Tauscht Gedanken aus, damit ihr sie vergesst. Geht euch aus dem Weg, damit ihr euch näher kommt. Wer angstfrei ist, hat mehr vom Leben. Wer glücklich ist, spürt es und kann etwas damit anfangen. Schiebe es nicht von einer Gedankenecke in die andere, so gleichst du dich nur in deinem Denken aus. Wenn beides in dir fällt, dann fängt man dich auf.

Du isst, was du bist. Du lebst, was du denkst. Dies sind die Schubladen, in die sich der Mensch selbst in seinem Leben einsortiert. Aber nur bewusst und frei lässt man sich nicht mehr festnageln. Hat man sich selbst gefunden, glaubt kein anderer mehr, das zu tun. Er kann nur an deiner Seite mitgehen und sich gedankenfrei an dir festhalten, um nicht von seinem Weg abzukommen. Gemeinsam ist man nicht so allein, wenn jeder für sich durch sein Leben geht.

Möchtest du wissen, wie sich Liebe anfühlt? Sage dir »Guten Tag!« am Morgen, wenn du aufstehst. Sage dir nicht »Tschüss!« Denn wenn du dir selbst den Rücken zudrehst, schaust du deinem Leben nicht ins Gesicht. Es ist das ungezwungene Leichte, welches sich aus der Tiefe heraus erhebt. Rede über die Freiheit im Leben und sieh dich als Teil darin.

Der Mensch weiß nicht, was er fühlt, doch genau, was er denkt. Weiß man überhaupt gar nichts, kann das Leben so schön sein. Man befindet sich in einem Trance-Zustand und meint, nur zu träumen. Es ist kein Traum: So fühlt sich erlebte Wirklichkeit an. Das Nichtbestimmende übernimmt das Steuer, es eilt dem Denken voraus und lässt es zurück. Solche Momente lassen alles Erdachte in Vergessenheit geraten. An dieser Stelle holt sich das Leben selbst ein. Es kehrt zurück in den Menschen und erinnert ihn an sein Glück, welches schon immer in ihm gewartet hat auf sich selbst.

Oft wundert sich der Mensch, dass er alleine ist und niemand sich um ihn kümmert. Er selbst hat aber bloß vergessen, sich mitzunehmen ins Leben. Wer sonst sollte es tun? Viele Menschen stehen am Straßenrand ihres Lebens und warten auf etwas. Worauf?, frage ich mich. Auf nichts! Sie wissen es einfach nicht. Sie lassen die schönste Zeit ihres Lebens vergehen, ohne sich selbst einmal ganz gesehen zu haben. Zwischen Frühstück und Abendbrot befindet sich kein Tag. Sie wissen nicht, was sie mit sich anstellen sollen. Außer nichts sagendem Reden fällt ihnen nichts ein.

Der wirkliche Schatz des Menschen liegt noch zu tief in ihm vergraben, und sich die Mühe machen, danach zu suchen, wer will das schon? Es sind die Ahnungslosen, die vor ihrem Leben stehen und nicht wissen, damit etwas anzufangen. Der Mensch verliert sich sehr schnell im eigenen Gedankenrausch. Er hat sich zu weit zurückgelehnt und ist über den Rand des Lebensbootes hinausgefallen und kann nun nicht schwimmen. Da sieht man etwas alt aus unter der Last der Probleme, die täglich anstehen. Vergessen, wie man schwimmt, weil man in einem denkenden Fluss badet? Dieser Fluss ist eine Illusion, in Wirklichkeit stagniert das eigene Leben.

Im Fluss zu sein, heißt, über das eigene Denken hinauszukommen, hinwegzukommen. Anderen fühlend zu begegnen und sich auch selbst fühlend zu begegnen. Nur zu denken, dass man fühlt, ist ein Irrtum, man muss das Fühlen erleben. Zu sagen, ich denke nun mal gerne und liebe es, mit meinen Gedanken zu spielen, täuscht über das eigene Leben hinweg. Man rennt über sich weg und jagt seinen Gedanken hinterher und wird sich so nie begegnen. Ein Gedanke verdrängt den anderen, pausenlos. Wo soll man sich da selbst finden? Kein Platz bleibt da für das Selbst in der Gedankenmenge. Der Mensch quetscht sich zwischen das Leben und meint, es gesehen zu haben. Der Mensch kann aber nicht so schnell denken, wie sich das Leben fortbewegt. Er wird ständig ein Außenseiter für sich selbst bleiben, weil er nur nach den anderen sieht. Die haben allerdings verstanden, ihn zu manipulieren und zu lenken, und Angst zu schüren, um Gewissensbisse zu erzeugen.

Wer glaubt schon, dass ein Baum mitten im Sommer nur drei Blätter trägt? Jeder normal denkende Mensch würde an sich zweifeln und auch an der Natur. Eben an dieser Stelle beginnt das Suchen und das Finden, die »Arbeit mit sich«. Diese kostet Schweiß, Kraft und Ausdauer. Doch das will man sich nicht antun. Der Bequemlichkeit zu folgen, ist doch der leichtere Schritt – denkt man aber nur. Der Sinn des eigenen Lebens ist auf der Gedankenstrecke geblieben. Er ist zwischen den denkenden Gedanken zermahlen worden. Deshalb tut sich der Mensch so schwer damit, sich im eigenen Leben wiederzufinden.

Das Leben ist nun mal ein Puzzlespiel, das über die Jahre hinweg zu meistern ist. Man muss sich die Arbeit einteilen und Stück für Stück die Teile zusammensuchen, die zum eigenen Leben dazugehören. Oft sind es die falschen Leute, die einen beraten, doch die wahren Freunde stehen daneben, man erkennt sie nur nicht auf Anhieb. Weiter und immer weiter puzzeln, es fügt sich mit der Zeit zusammen, was zusammengehört und es bricht das weg, was einem schadet. Auch wenn es plötzlich der scheinbar beste Freund ist, den man zu haben glaubte. Andere stehen schon vor der Tür, man muss sie nur aufmachen und die Liebe mit ihnen hereinlassen. Sie im Besonderen klopft zwar an, aber man sollte ihr auch ein Stück entgegengehen. Von nichts kommt nichts. Das Leben will gelebt werden in seiner Tiefe, nicht an der Oberfläche, wo Zeit bloß vertan wird.

Der Mensch gerät zu schnell in eine Stagnation hinein. Er lässt sich zu sehr von seinem Außen beeinflussen. Bewegung findet innen statt, und darauf hat der Mensch keine Lust. Er ist schon zu abgearbeitet. Er zieht einen Mittagsschlaf vor, statt im Wald gedankenlos spazieren zu gehen. Die Bewusstheit für sich zu nutzen, dies sollte man als die wirkliche Lebensregel bezeichnen und das Tun im Außen in das Empfinden im Innern umlenken. Es ist dieses Umkehren, das dem Menschen etwas offenbart. Das Erkennen bringt ihm Klarheit und es entfesseln sich Lernsituationen im Leben. Das Wieso und Warum fällt weg. Das eigene Verstehen wirft keine Fragen mehr auf, und das Geschehen-Lassen gleicht die Unruhe aus. Die eigene Führung kommt von innen heraus, da hat das Reden nichts mehr verloren. Die Sprache ist regelrecht abhandengekommen. Welch ein unsagbares Glück für das Fühlen und den Menschen! »Hurra!«, kann man da nur sagen, »endlich geschafft!« Eine Tür hat sich von allein geöffnet.

Gedanken haben eine Eigenart: Sie kneifen als Erstes. Das Bestimmenwollen des Ego ist immer eine Flucht. Es klammert sich an der Ungewissheit fest und blockiert somit den Lebensweg des Menschen. Die Gedanken werden von vielen Ängsten festgehalten und rühren sich nicht von der Stelle. Wie soll der Mensch Veränderung erfahren, wenn er selbst auf ihr sitzt? Neues entsteht nicht aus dem Alten heraus. Es kann sich erst zeigen, wenn das Alte losgelassen wurde. Eine Denkart wird durch die andere ersetzt. Glücksgefühle können sich erst breitmachen, wenn Leidgefühle losgelassen werden. Wenn alles, was sein darf, auch ist.

Gedanken bestehen darauf, kräftig und bestimmend genug zu sein, die Lebensenergie kontrollieren zu können. Dies ist das Trügerische am Denken: Das Ego will immer mehr, als es selbst schaffen kann. Deshalb ist es oft traurig und hasserfüllt. Kein Blatt kann sich im Wind bewegen, es fehlt die Leichtigkeit und der Freiraum. Der Lebenswind hingegen bringt die Blätter zum Reden. Lässt sie Geschichten erzählen, die das Leben fühlt. Die mit Wirklichkeit gefüllt sind, weil sie dem Moment entspringen. Sorglos, gedankenfrei und beweglich.

Wer sich verweigert, sperrt das Licht in sich ein. Die Liebe ist der hellste Schein, den der Mensch in sich trägt. Leuchte, Mensch! Wie soll sich sonst die Finsternis erhellen? Du bist geboren worden und nimmst am Leben teil, indem du dein Licht nicht unter den Scheffel stellt. Wenn du frei heraus mit deinem Schweigen redest und du nichts dazu sagst, wenn das äußere Leben dich anschreit. Dein Geist will frei sein, er beugt sich niemals der Fremdbestimmung.

Was will der Mensch mit seinem Leben anfangen, wenn sein Geist gestört ist! Davonlaufen, wegschmeißen, mit Füßen treten? Wie soll daraus eine Lebensmelodie entstehen? Wie schön wären doch lachende Momente, aneinandergereiht, von der Sonne aufgetanktes Leben. Man hat das Gefühl, dass der Augenblick doch etwas länger sein müsste, um ihn wirklich zu erfahren. Doch die Wirklichkeit, sie sieht anders aus, sie verschlingt alle Augenblicke und spuckt sie in die Vergangenheit. So wird von der ewigen Schönheit immer nur ein winziger Spalt auf der Lebenszeitlinie sichtbar, der ganze Rest ist mit vergangenen, gewesenen Erfahrungen gefüllt.

Still zu sein und sich aus dem Nichts heraus zu erfahren, ist der ganze Reichtum, nach dem man suchen und den man auch finden kann. Der Mond ist das Auge der Nacht, damit die Erde in den Tag erwachen kann. Sie findet erst aus der Nacht heraus, wenn die Sonne ihr das Morgenrot zeigt. Die Erde wird immer zugleich hell und dunkel sein, zu derselben Zeit, an verschiedenen Orten. Der Mensch braucht seinen Schlaf, wie will er sonst zur Ruhe kommen? Der natürliche Rhythmus unterbricht das permanente Denken. Die Farben des Mondlichtes spiegeln sich in den Wolken wieder, seine Helligkeit zeigt das ganze Spektrum eines Farbkreises an. Kein Pinsel hat je so schön gemalt. Auch die Blätter der Bäume trinken das Mondlicht, daraus erfahren sie die Länge des Tages.

Der Mensch begegnet sich in der Anzahl seiner Blattzählungen. Je öfter er sich in dieses Grün hineinbegibt, desto intensiver kann er sich selbst erleben. Dieses ständige und unaufhaltsame Blattzählen schafft einen enormen Freiraum im Kopf. Der Mensch entledigt sich selbst seiner Qualen und Ängste. In diesem Freiraum hält sich die Freiheit auf, nichts kann sich darin ansiedeln. Es gibt darin keinen Halt mehr für Gedankenviren. Wut, Verzweiflung, Krankheiten, Ärger, Sorgen und Streit finden keinen Nährboden mehr. Der Mensch ist zu einer souveränen Zone des eigenen Empfindens geworden. Man schaltet das Außen ab, um sich selbst zu erfahren. Die Liebe nimmt jetzt den gesamten Platz ein und lehrt Dankbarkeit, Zufriedenheit und Glück. Die Gnade ist ein Geschenk Gottes, sie ist die Schirmherrin über alles.

| **Liebe dich selbst und du wirst geliebt.**

Bist du in dir, bist du nicht im Außen anwesend. Eins bedingt das andere. Das Leben besteht aus Gegensätzlichkeit. Du bist und du bist auch nicht. So baut eins auf anderem auf, löst eins anderes ab. Wie auch der Tod das Leben ablöst, damit wieder Neues entstehen kann. Ein ewiger Kreislauf, der die Erde jung erhält. Kommen und Gehen lösen sich ständig gegenseitig ab. Das Erblühen folgt dem Verblühen und umgekehrt. Ebbe, Flut. Sommer, Winter. Jedes Leben muss enden, wie soll sich sonst ein neues entwickeln?

Was kann das Leben noch tun, um sich bemerkbar zu machen? Es versucht so leise wie möglich zu sein, doch der Mensch trampelt erschreckend laut darüber hinweg. Gefühllos, kaum spürbar, achtlos und schonungslos geht er mit sich um. Er verkriecht sich in seiner Langeweile, um nicht gesehen zu werden, und ist nicht willens, das Risiko einer Veränderung einzugehen. Warum ist er sich selbst so egal? Warum bemerkt er sein Leiden nicht? Sprechen Krankheiten keine eindeutige Sprache? Der Mensch hat doch Lesen und Schreiben gelernt, warum kann er nicht seinem Herzen folgen und muss in der Sturheit des Egos gefangen bleiben?

Würde er sich einmal eine Blume in Ruhe ansehen: was für eine Schönheit! Wie sie duftet und sich elegant im Wind hin und her bewegt. Wie sie es genießt, von der Sonne gestreichelt zu werden, um sich noch größer und hübscher der Welt zu zeigen. Ihr Duft verströmt großzügig, sie geht kein Risiko ein, weil sie das Leben ist. Denselben Weg kann der Mensch auch gehen. Er müsste nur ab und zu mal nach der Natur schauen. Sie lebt es ihm vor. Keinen einzigen Gedanken verschwendet sie an irgendwelche Zweifel. Sie will sich leben und gut dabei fühlen, deshalb erblüht sie hier einfach.

Blume ist Blume und Mensch ist Mensch, alles trägt eine Seele in sich. Ob das Leben klein oder groß ist, wenn es sich lebt, hat es seine Bestimmung gefunden. Ausnahmslos jeder Widerspruch verliert sich in der Stille. Geh mit der Stille, als wärst du Gott, so erlernst du das Schweigen in deinen Erfahrungen. Tod ist Tod und Leben ist Leben. Entscheide dich nicht für das Dazwischen. Es gibt keinen Weg, der ins Himmelreich führt, das Leben findet auf Erden statt. Von da oben kommen die Blätter her. Gott macht sie grün, drei an der Zahl, und er schenkt sie dir immer wieder. Greife nach ihnen, zähle sie, und unendlich lang und erfüllt wird dein Leben sein. Bedanke dich im Beisein deines Selbst, dass die Erde dir gewährt, auf ihr zu leben. Dass sie dir mit Nachsicht den Weg einräumt, den du gehen möchtest. Sei ihr Freund und decke ihr den Tisch mit deinen Lebensgaben Frieden und Freiheit, denn daraus erwachsen ihr Kraft und Stärke. Unterstütze sie und sei kein Feigling, auch du hast ihre Großmut bitter nötig.

Liebe ist die Botschaft der Erde, sie lässt sich selbst grünen und erblühen. Der Himmel zeigt sich nah, Liebe taucht ein in deine Einzigartigkeit und verändert dadurch dich, den Menschen. Geh mit einem Lächeln schlafen und wach auf, wenn dir der Wind ins Gesicht bläst, so bist du mehr mit dem Leben verbunden. Suche nach nichts, nimm an, was sich dir zeigt. Dies ist für dich bestimmt, alles andere ist bedeutungslos.

Sage nicht »Auf Wiedersehen!«, bevor du »Guten Tag!« gesagt hast. Jedes Sein ist richtig auf dieser Erde. Erfahrungen sind da, um sie zu machen, und nicht, um sie zu ignorieren. Jeder Mensch im Außen ist ein Teil deines Lebens. Es gibt keine zweite Chance, der Anfang ist das Ziel. Rüttle dich selbst wach, aus deinen Erkenntnissen heraus! Was zu tun ist, weiß das Leben schon, du brauchst nur zuzuhören. Es zu verstehen, musst du erst lernen, aber dann ergibt sich alles andere. Trau dich, dich selbst zu begrüßen, anders findest du nicht ins wirkliche Leben hinein. Du willst doch keine Randerscheinung im eigenen Leben sein? Keine Nebenrolle spielen?

Heilung in sich selbst zu erfahren, ist der einzig mögliche Weg zum Leben, anders kommst du nicht an bei dir. Surfen im Internet oder Handyspiele sind zwar zu einer der beliebtesten Beschäftigungen der Menschen geworden, aber auch ein sehr mächtiges Ablenkungsmanöver, um sich nicht mit dem eigenen Denken auseinandersetzen zu müssen. Moderne Medien sind seriös und scheinbar unkompliziert, dabei machen sie das Denken noch komplexer und dramatischer, als es schon ist. Du glaubst zwar, durch die Medien mehr zu wissen, doch über dich selbst herrscht in dir immer mehr Unbildung. Sobald das Außen interessanter ist als du selbst, hast du Gott den Rücken zugewandt. Beim Pokern mit dem Leben wirst du immer der Verlierer sein, egal wie hoch dein Einsatz ist. Du verschenkst bloß kostbare Lebenszeit und machst dich zum Diener deiner Ablenkungen. Warte nicht, bis du vollkommen versklavt bist in der Gesellschaft und im Wartezimmer eines Chirurgen endest, weil dein Rücken krumm geworden ist.

Liebe die Tage, die nur dir gehören. Lauf dir nicht hinterher, als seiest du dir fremd. So nah warst du dir noch nie gewesen, wie oft soll dir dein Herz das noch erzählen? Wähle einen Gedanken aus, und du hast alles, was du brauchst. Die Einfachheit kann ziemlich kompliziert werden. Sie liegt nur rum, weil sie niemand braucht. Lerne, Entscheidungen neu zu treffen, die du schon entschieden hast. Mach es anders! Renne nachts nicht durch die Straßen, als seiest du jemand, der den Tag zurückholen will. Schaue hinein in den Moment, so, dass er dir sagen kann, wie spät es wirklich ist. Wähle nicht die Zeit, wenn du meinst, dass sie schon vorüber ist. Wünsche dir die Liebe, die du selber bist, und begegne ihr nicht nur ein kleines Stück. Lerne, aus dem Schatten herauszutreten. Sei nichts, was du nicht sein willst. Freunde dich mit deiner Liebe an, sodass du erfährst, wer du in Wirklichkeit bist.

Abgeklärt und gelöst solltest du dem Tag begegnen. Blühe allein darin, die Sorgen werden dich schon finden. Stehe über den Dingen, die Bedingungen haben. Nenne dich bei deinem Namen, auch wenn du keinen hast. Es ist die Zeit, die dich zieht, sie drängt dich regelrecht, ihr nachzueilen. Vergiss das Vergangene, es bringt dir keinen einzigen Gewinn. Höre auf die Dinge, die nicht hörbar sind, entscheide dann erst, wie weit du gehen willst. Glaube nur deiner Intuition, alles andere erzählt dir Lügen. Sei das Freie, das Freisein, und du weißt, wer du bist. Dieses Nichts und dieser Niemand zu sein, das ist Erfülltsein in höchster Form.

Warum lachst du nicht, wenn du lachen kannst? Hast du die Schönheit des Lebens vergessen? Öffne die Augen, damit du siehst, wie lange du geschlafen hast. Freue dich über dein Erwachen und sei wach jede Stunde, die du bewusst lebst. Du kannst ein Leben lang reden und hast doch kein einziges Wort gesagt. Die Bedeutung liegt nicht in der Anzahl der Worte.

Suche nicht nach der Liebe, du trägst sie schon in dir. Erkenne dich darin, dann wirst du geliebt. So wird auch in dir die Dunkelheit hell erscheinen, sie ist niemals dunkel gewesen. Der Mensch wird mit zwei Augen geboren. Er blendet sich aber selbst, deshalb wandert er blind den größten Teil seines Lebens herum. Gereift kann er sich erst bewegen, wenn er erkennt, dass er die Zeit ist. Verliert der Mensch die Minuten aus den Händen, wird er nie die Stunden sammeln können. Ausgereift ist nur das, was vorher ruhen durfte. Was sich frei bewegt, worin es eine Freiheit gibt. Flüchte nicht in die Einsamkeit hinein, du wirst sie nicht verstehen können. Breite den Mantel über das Morgen aus und sieh heute erst einmal genau hin. Selbst das Gestern ist so bedeutungslos, als wäre es nie gewesen. Du bist das Jetzt, steh dafür ein! Begegne dir, so oft du kannst, im Laufe des Tages. Freue dich der Freude wegen. Sie ist. Mehr gibt es nicht.

Steige nicht aus deinem Leben aus, bleib darin, als wärst du Göttlichkeit – niemand und doch alles, geliebt, befreit und doch allein. Entscheide dich, ohne eine Entscheidung treffen zu müssen. Sei allgegenwärtig, sei dir nicht fremd und sei nicht unbewusst. Aus klein wird groß, aus alt wird jung. Zerteile die Zerteilung und bleibe das Stück, was übrig bleibt – unberührt, dich selbst liebend und der Sonne zugewandt. Großartig und der Größte, nie klein gewesen. Obdachlos schläfst du unter freiem Himmel, als wäre er dein Zuhause schon ein Leben lang.

Sei einfach wunschlos glücklich, das Leben freut sich darüber.

Bedanke dich bei der Dankbarkeit, geh zusammen mit ihr ein Stück durch den Tag. Wie lange willst du wirklich leben? Gesund aus der Gesundheit heraus, bleibe stark, so stark, wie du dich fühlst. Geh über die Schwächen hinweg, als wären sie nie da gewesen. Fordere das Leben immer mehr heraus, es hat dir so viel zu bieten. Achte nicht darauf, wenn es schreit, bleib nur in der Stille verborgen. Je tiefer du dich in sie begibst, desto mehr fühlst du dein Sein. Freudestrahlend empfängst du die Freude, sie tanzt jetzt mit dir durch dein Leben. Krank bist du nie gewesen, denn die Krankheit hat sich selbst vergessen. Dafür ist dir die Liebe begegnet, sie liebt dich ein Leben lang. Geliebt zu werden in tiefster Tiefe, erweckt nie dagewesene Glücksgefühle. Verzweiflung und Verletzungen sind aus dem Leben verschwunden. Was einst der Sinn gewesen zu sein schien, hat an Bedeutung verloren. Leer und im Nichts erscheint jetzt das Leben, und es gibt dir jeden Tag ein anderes Geschenk. Erwacht und aufgewacht ist ein Zustand der Freude, des Glücks und der Liebe.

Der Streit zerfällt, die Armut bringt den Reichtum hervor. Der Mensch kann erst frei sein, wenn er die Freiheit wählt. Wenn er die Macht des

Denkens in sich erstickt. Losgelöst, aus der Not des Denkens herausgelöst, entscheidet er sich für die Offenheit. Zerbrechlich ist er nie gewesen, weil er nicht zerbrochen ist. Die Macht der inneren Stärke ist sein Fundament, alle Gedankengebäude stürzen darauf zusammen. Zurück bleibt ein kleines Glück, während die Entfaltung sich immer fortsetzt.

Der Geist ist es, der den Menschen lenkt, deshalb sollte er so frei wie möglich sein. Gesund und unabhängig leben und sich immer wieder aufs Neue aus der Tiefe seines Daseins neu schöpfen. Die Funktion des Geistes ist voller Bedeutung für die Erschaffung der Bewusstheit. Erkennen, was ist, und leben, was ist, dies ist eine Grundvoraussetzung, um gesund zu bleiben. Achte deinen Geist, und dein Geist achtet auf dich!

Die frühere Zeit ist vorbei. Wenn dies der Geist erkennt, kann er sich gesund und munter entwickeln. Die gedanklichen Unfreiheiten in vielen Situationen sind nur Blockaden, die der Mensch selbst erschaffen hat. Seine Sturheit hängt an der Unbeweglichkeit der Gedanken, die ihn erschlaffen lassen. Worüber will der Mensch reden, wenn er sich an der Vergangenheit nicht festmachen kann?

Das Nichtreden, das Schweigen, welches das wahre Leben aufzeigt, ist eine Sprache, die schwer zu sprechen ist, noch weniger zu verstehen. Der Mensch muss sich neu erfahren, und dieses kann nur über die Wortlosigkeit geschehen. Es ist ein Stück Lebensglück, welches er nicht wahrhaben will. Sein Denken redet immer wieder dazwischen. Es erlaubt ihm nicht, still zu sein. Das Ego hat Angst, verloren zu gehen, deshalb schreit es immer lauter. Der Mensch kann sich dadurch selbst nicht hören und fühlen. Der stille Klang seines liebenden Herzens wird durch die schrillen Rufe des Egos übertönt.

Glaube den Glauben, der nicht existiert, woher willst du sonst wissen, was Wahrheit bedeutet? Lektionen, die das Leben bereithält, sind zu lernen und nicht zu ignorieren. Unaufhörlich schreitet das Leben voran. Der Mensch ist darin eingeklemmt und schreit täglich um Hilfe. Er muss lockerlassen, so, dass sich das Leben in ihm bewegen kann. Gesund zu bleiben, heißt Kontrolle aufgeben. Zwänge sind die Stiefmutter der Ängste: unverständlich, redselig, angsteinflößend und anhaftend. Man hebelt sein Leben selbst aus, wenn man sich belügt. Uneingeschränkt und nutzlos sollte man sich nutzen. Das Wenige im Viel ist die Lust, es zu leben.

Gäbe es nicht die drei Blätter am Baum, würde man nicht erfahren, dass ein leichter Wind durch das eigene Leben weht. Wie sollte es in Bewegung, in seiner Schwingung bleiben, wenn nicht irgendjemand es anstieße? Ungewollt und regungslos, von alleine sollte es fließen.

Was macht den Menschen aus? Erschaffen ist sein Lebenselixier. Darüber hinaus gibt es nichts mehr. Er wird keine Spur finden, die zu ihm führt. Gedanklich wird alles versperrt sein, was das Wissen des Geistes betrifft. Der Ego-Trip ist das Wahre, nimmt man oft fälschlicherweise an, bis man nicht wieder herausfindet aus dem Gedankenwirrwarr und sich der ganze Körper verkrampft. Die Arme und Beine können nicht mehr in Bewegung gehalten werden. Es gibt nur noch ein unverständliches Lallen, was den Tag begleitet.

Die Herausforderung, die das Leben immer wieder an den Menschen stellt, ist die Akzeptanz, das Sich-selbst-Mögen und Selbst-lieben-Lernen. In der Verweigerung liegt der Frust des Lebens. Ohne einen einzigen Gedanken könnte es funktionieren, doch den wird man so einfach nicht los. Die Gefängnistüren wollen sich nicht öffnen, sie werden von allen Seiten gedanklich zugehalten. Die Unsicherheit und die Angst sind die Türsteher. Die Stärke der Gedankenkraft ist das schwächste Bindeglied des Lebens. Kündigt man sich selbst, glaubt man verloren zu sein, was aber nicht der Wahrheit entspricht. Das Ego kann in das Bewusstsein nicht hineinschauen, deshalb erscheinen den Menschen all diese Dinge so unglaubwürdig und abgewrackt.

Woher will man wissen, ob etwas funktioniert, wenn man es nicht sehen kann? Fühlen und Erspüren akzeptiert der Mensch nicht. Er kann es nicht sehen und ergreifen, somit hat er ein Problem. Weder tasten noch schmecken, und das schreckt ihn ab. Man kann die Liebe aber nirgendwo einordnen, entweder sie ist da oder auch nicht. Oft wird eine Zweckgemeinschaft daraus gemacht, damit sie wenigstens nach außen glaubhaft funktioniert. Der Schmerz in unwahren Beziehungen ist das, was der Mensch nicht erträgt. Doch Schmerz ist nur gedanklich erschaffen und deshalb so schlimm. Im Sich-Verweigern verblutet er.

Mensch zu sein, kann man nur annehmen in einer Form von Selbsthypnose. Man muss sich mit sich selbst auf den tiefsten Grund der eigenen Empfindungen begeben, und um dorthin zu gelangen, muss man sich aus den Mythen der Gedankenwelt befreien. Das bedeutet vorerst viel Arbeit und wenig Freude, doch später eröffnet sich ein Lebensglück, das unerschöpflich ist. Fragt man nur sich selbst, bleibt man bei der Wahrheit. Die Meinungen der anderen sind uninteressant, und deren Gedankenergebnisse benötigen keinerlei fremdes Verstehen.

| Ich selbst bin die Veränderung meiner Gedankenwelt.

Der Mensch hat eigentlich alles, was er braucht für ein glückliches und erfülltes Leben. Würde er das verstehen und nur ein klein wenig davon abgeben, würde sein Leben noch glücklicher erscheinen und das der anderen auf den Weg gebracht. Das Ego im Rausch des Immer-mehr-Haben-Wollens ist die Blockade, die er überwinden muss, um Freude aus sich herausfließen zu lassen, die andere für sich einfangen können. Die Gnade, die einem das Leben anbietet, sollte man weiterreichen, dann kommt sie als Liebe zurück.

Der Mensch ist das Leben und die Erinnerung. An ihm selbst liegt es, was er daraus macht und wie er es gebraucht. Für sich oder die anderen, dabei ist es sein Leben sein einziges. Kurz oder lang, erfüllt oder unerfüllt. Daher ist er gezwungen, Entscheidungen zu treffen, ob er will oder nicht. Entscheidet er sich für sein Leben, gibt es viel zu tun. Entscheidet er sich dagegen, kann er sich ausruhen und in seinen Krankheiten baden. Das eigene Leben kann wehtun oder auch heilsam sein, je nach Bewusstseinsstand und Energiepotenzial. Wer vor sich selbst ausreißt, muss mit Konsequenzen rechnen, die das Leben einfordert. Ist man dennoch bereit, sich sich selbst zuzuwenden, erfährt man Heilung auf allen Ebenen, und die Liebe zeigt sich als Gegenstück zur Anstrengung. Das ist die Einzigartigkeit des Lebens, gibt man etwas von sich ab, erhält man immer das Doppelte zurück. Ängste werden ängstlicher und die Liebe wird liebenswerter. So verblüffend einfach zu verstehen und auch zu verwenden. Das Leben haucht dem Menschen die Liebe ein, doch ihm stockt oftmals der Atem. Warum auch immer. Sauerstoff und Liebesatem sind lebensnotwendig.

Der Mensch ist gewohnt, mit schweren Gedanken durch sein Leben zu ziehen, auf etwas Einfaches lässt er sich nicht ein. Er kann mit Leichtigkeit nicht umgehen, darin spürt er sich nicht genug. Wut und Unzufriedenheit sind sein Fühlen, welches er über Jahrzehnte hinweg gelebt hat. Aus Gewohnheiten auszusteigen, ist aber ein Ding für sich und nicht so leicht. Die DREI BLATT sind ein Allheilmittel, die Lösung für alles. Vielleicht etwas eigenartig und doch einzigartig in der Anwendung. Je länger die Anwendung dauert, umso wahrscheinlicher wird hundertprozentiger Erfolg.

Die erste Hürde, das Beginnen, ist der schwierigste Teil dabei. Ist man erst einmal mittendrin und hat sich schon von einer Minute auf fünf Minuten gesteigert, ist das perfekt. Den Rest übernimmt dann die eigene innere Führung. Hauptsache man hat sich erst einmal auf den Weg gebracht, dann weiß man auch, wie es sich anfühlt, auf dem Weg zu sein. Die DREI BLATT haben den Vorteil: Sie grünen das gesamte Jahr über, denn sie vergehen nicht im Winter. Der Mensch gießt mit seiner Monotonie den erhabenen Baum und hält ihn fit zwischen seinen Gedanken.

Sich imaginär auf den Ast eines Baumes zu setzen und nach diesen DREI BLATT zu schauen, wie sie sich im Wind bewegen, ist oft sehr schwierig für einen gedankenüberbelasteten Menschen. Sich auf eine Reise zwischen den Welten einzulassen, ist nicht jedermann Sache. Das Unvorstellbare, das nicht real Erscheinende, das das Denken nicht nachvollziehen kann, bereitet oft Probleme bei der Meditation der DREI BLATT. Die Vorstellungskraft des Menschen wird ziemlich eigeschränkt, wenn er alles über das Denken erfassen will. Das Kaum-Mögliche und Nichtmachbare wird vom Ego ignoriert, denn es kann sich nichts vorstellen, was unwahrscheinlich ist in seinem Denken. Sich auf Visionen einzulassen, scheint gänzlich unbrauchbar für das Ego zu sein. Der Vorstellungsbereich des Ego hat Grenzen, und nur innerhalb der Grenzen muss der Mensch sich bewegen, weil er von seiner Einbildungskraft abhängig ist. Er verlässt dieses Terrain nicht, weil das Ego ihm sagt, dass er sonst in seinen Lebenssituationen zusammenbricht.

Dabei wäre es ein Leichtes, einmal aus sich herauszugehen, um sich in den Lebensfluss hineinfallen zu lassen. Bewegungslos, gedanklich entspannt und frei schwimmend. Das Leben verlangt nicht viel vom Menschen, außer akzeptiert zu werden. Nicht einmal dazu ist der Mensch in der Lage. Aus einem bestimmten Modus will er nicht heraus, es könnte ja etwas passieren. Jede Aussicht auf Erfüllung in wichtigen Lebenssituationen macht das eigene Denken zunichte, weil es sich querstellt, uneinsichtig und nachtragend ist. Das Ego ist ein störrischer Esel, es will mit Lebensphilosophie nichts zu tun haben. Für das Ego gibt es nur das Materielle, das Innere ist nebensächlich. Vom Ego bestimmt durch sein Leben zu schleichen, ist eine schwere Last, die nicht so leicht abzulegen ist. Sich außerhalb der Ego-Zone zu bewegen, ist eben nicht denkbar und daher auch nicht nachvollziehbar. Sich aus dem Denken herauszubewegen, ist dem Menschen nur unter größter Kraftanstrengung möglich, wenn überhaupt.

Man ist geboren worden, um sein Leben unbegrenzt zu gestalten, aber von der Gesellschaft werden Grenzen aufgezwungen, sogar mit krankmachenden Effekten. Die eigene Willenskraft wird unterbunden, dafür wird eine Maske der Illusionen aufgesetzt. Man wird dadurch kurzsichtig, streitsüchtig und suchtgefährdet. So schädlich können Denkstrukturen aufgebaut sein: lebensfeindlich, unfrei nicht belastend. Und das nennt der Mensch dann sein Leben, in dem sich keinerlei Selbstempfindungen ansiedeln können.

Armes Menschlein, versuche herauszukommen aus dieser Ego-Falle! Kehre der aufgezwungenen Fremdbestimmung den Rücken und gestalte dein Leben selbst, schöner und freundlicher. Wähle andere Strukturen im Denken und Handeln, wandle Aussichtslosigkeit in Perspektiven um und Hass in Liebe. Nur so kannst du dir Stück für Stück näherkommen, uneingeschränkt und frei werden. Zwänge sind das Machtgehabe des Egos, und sie haben auf dein Leben verheerende Auswirkungen, weil sie dein Denkvermögen betreffen. Du meinst, alles mit dem Denken erledigen zu müssen, dabei kann das Denken nicht einmal zehn Prozent aller wichtigen Lebensvorgänge bewältigen. Es scheitert schon bei Ausdauer und Stille, dann bei Liebe und Selbstannahme. Das alles kann es nicht nachvollziehen. Aber, sich auf das einzulassen, was außerhalb der Diktatur des Denkens steht, ist der Beginn von Freiheit.

Die Fülle im Leben ist nur über eigene Zufriedenheit zu erreichen. Sie ist das einzige Instrument, das dem Menschen zur inneren Heilung verhelfen kann, denn sie erschafft Glück und Liebe im Übermaß. Doch die Zufriedenheit ist störanfällig und auf dünnem Eis angesiedelt. Es verlangt höchste Anstrengung, die eigene Zufriedenheit aufrechtzuerhalten. Zu stark sind oft die äußeren Einflüsse, die sie zum Kippen bringen. Die materielle Macht zu begrenzen, ist die größte Herausforderung. Man muss mit sich über sich selbst reden können und Kompromisse eingehen, die das Ego allerdings sofort als schädlich einstuft. Dann muss man mit aller Macht gegen das Ego anrudern.

Unwissenheit macht blind. Es ist die Selbsterkenntnis, die fehlt. Könnte der Mensch lesen, was auf seinem Lebensplan steht, würde er sich und das Leben verstehen. Da er keine entsprechende Schule besucht hat, rätselt er immer noch in seinem Leben herum: »Bin ich schon eingetreten oder schlafe ich noch?« Irgendwann wird es vielleicht eine Antwort geben, er wird die Zeit einmal fragen, ob sie darüber Bescheid weiß, aber er selbst ist nicht in der Lage, es herauszufinden. Sein Horizont ist begrenzt und er tritt deshalb auf der Stelle.

Sich selbst nicht zu genügen und deshalb permanent Dinge erschaffen oder kaufen oder erreichen zu wollen, ist der Selbstbetrug, in den sich der Mensch freiwillig, aber leider unbewusst hineinbegibt. Er redet sich ein, mehr zu sein, als seine Wirklichkeit darstellt, und findet sich dann nicht in der gewünschten Größe wieder, sondern erfährt sich als unbedeutend, vor allem für andere. Er ist nicht berühmt, auch wenn er es noch so sehr will. Er kommt gar nicht auf die Idee, er selbst zu sein und damit auch genug zu sein. Dass sich daraus ein Minderwertigkeitskomplex entwickelt, ist abzusehen. Dann schreit er »Hilfe!« und weiß gar nicht, warum. Armes Weltgeschehen! Was machst du aus den Menschen? Statt ihnen zu helfen, vergrößerst du ihre Leiden. Der Mensch kann nichts dafür. Er merkt nicht einmal, dass er es zulässt. Er sei unschuldig in diese Situation hineingeraten, so redet er sich heraus.

Was es dem wirklichen Leben so schwer macht, den Menschen zu erreichen, ist das schnelle und das übereifrige Denken. Der Mensch bekommt vom Ego keine Sekunde geschenkt, um Bewusstsein zu erfahren. Selbst wenn ein Selbsterkennen aufblitzt, drängen ihn weitere Gedanken sofort wieder weiter. Seine Gedankenstruktur ist nämlich dauernd mit unzähligen Verlustängsten beschäftigt, die den Menschen unentwegt in Bewegung halten und nicht zur Ruhe kommen lassen. Der Mensch kommt in seinem Leben gar nicht so richtig zur Besinnung, da er ständig mit Hiobsbotschaften bombardiert wird. Das wirkliche Leben wird von ihm ferngehalten. Es marschiert regelrecht einen Kilometer entfernt an ihm vorbei. Kein Wunder, dass der Mensch keine Ahnung davon hat. Täglich joggt er durch die Gegend und schaut nach ihm, aber das Außen zeigt ihm nur die Steine, auf denen er herumtritt. Die Blickrichtung einmal zu verändern, könnte seine Gefühle anstoßen und somit die Lebendigkeit in seinem Körper erwecken. Aber auf die Idee kommt er nicht. Selbst wenn es ihm jemand rät, hört er nicht zu.

Geh doch mal ohne dein Denken aus, damit du siehst, wohin du läufst. Nimm die Bäume im Wald wahr, an denen du jahrelang gedankenvoll vorbeigerannt bist. Du bist einfach einen vorgegebenen Weg gegangen, den schon unzählige Menschen vor dir flachgetreten haben. Wenn du den Kopf nicht anhebst und die Augen aufmachst, siehst du aber nichts Neues, nur Kopien und Geschwätz von gestern. Wozu alles noch hundertmal durchkauen? Verabschiede dich von dem, was du schon tausendmal gedacht hast. Fühl mal was Neues! Sieh das Schöne, außerhalb des Denkens.

Einstein bemerkte schon, dass ihn das viele Nachdenken daran hindere, zu neuen Erkenntnissen zu gelangen. Erst in der Stille, wenn man nichts vom Leben will, offenbart sich die innere Weisheit. Warum haben Menschen eine Scheu davor, sich so zu sehen, wie sie sind, ohne den Wirbel und die Aufregung, die das Ego verursacht? Frei von Besitz und Gedanken, bleibt übrig, wer man ist. Niemand braucht Anhaftungen, die nur wehtun. Schmerzen kommen im Alter von ganz alleine dazu, da braucht man nicht schon vorher leiden. Aber die Gedankenspirale ist so schnell wieder auf Hochtouren, sie befördert gleich Berge von Unzufriedenheit heran. Sie bringt aber leider keine DREI BLATT mit, so muss man sie sich selbst holen.

So flinke Beine, wie Gedanken welche haben! So schnell kann kein Mensch fortlaufen! Ob sie unbequem oder lästig sind, interessiert sie nicht. Ihr Mantra ist: denken, denken, denken! Nichts anderes. In ihrem Eifer halten sie den Menschen von wichtigen Dingen ab, diese erscheinen ihnen nicht wichtig, weil sie mit dem Denken nichts zu tun haben. Ob am Baum des Lebens drei Blätter hängen oder gar keine, ist für sie nicht von Interesse. Sie interessiert nur eins: alles zu zerreden. Das ist ihre Natur. Sie fressen alles auf, was sich nicht vor ihnen verstecken kann. Will der Mensch einmal nichts tun, halten sie ihn davon ab. Sie zwingen ihn regelrecht, seinen Körper in Bewegung zu halten, und dabei kommt er nicht einmal einen einzigen Schritt mit sich selbst voran. Stress, Hektik und Unruhe nisten sich in seinem Körper an. Ist der Tag vorbei und fällt der Mensch erschlagen in sein Bett, hat er nicht ein einziges Blatt an seinem Baum gezählt. Er bedankt sich nicht einmal beim hellen Tag für sein Leben, weil er es gar nicht für sich genutzt hat. Wozu da eine Danksagung? Vor lauter Finsternis im Kopf erkennt er seine eigene Irrfahrt gar nicht. Er merkt weder, dass er lebt noch dass er sich irrt.

Oftmals hat ihn die Kindheit so geprägt, dass er keine Lust hat, erwachsen zu werden. Die Schwere, die auf ihm lastet, lässt ihn nicht mehr aufrecht gehen. So zart und zerbrechlich wie Kinder sind, das Erwachsensein lässt sich oft schwer auf die Kindheit aufbauen. Missmutig und launisch gestimmt, versucht der Mensch mit seiner Vergangenheit fertigzuwerden. Dabei vergeht kostbare Lebenszeit, die er verschenkt. Dabei ist der Wunsch nach Liebe so stark, dass er oft daran zerbricht. Was kann das Herz tun, wenn es nicht gehört wird? Es folgt dem Weg der Eiszeit, von Kälte und Verlassenheit befallen, ohne die Wärme und Fürsorge der Liebe.

Dabei wäre es ein schöner Traum, die Liebe zu erfahren, ihr zu begegnen in aller Öffentlichkeit, oder von anderen unbemerkt, ganz leise, mit Gänsehaut. Wie sieht ein Mensch aus, der von der Liebe entdeckt wird? Wahrhaftigkeit sollte sein Markenzeichen sein, weder abgestumpft noch verbittert sollte er sprechen. Die Bedeutung, die der Mensch in seinem Leben erlangt, bestimmt er selbst. Sie hat nichts mit seinem Glauben zu tun und auch nichts mit seinen Zensuren. Sie wird von der Selbsterkenntnis bestimmt, die er erlangt. Von der Achtung vor sich selbst und seinen Mitmenschen. Die Worte, die er wählt, sind weder verletzend noch verleugnend, sie sollten Großzügigkeit ausstrahlen und das Leben umarmen. Solch ein Mensch liebt das Vergessen, seine Worte sind tolerant und sein Herz gleichmütig. Er spricht eine warme Herzsprache und ist voller Mitgefühl.

Oft schafft man es aber nicht, allein aus seinem Gedankengefängnis herauszufinden. Professionelle Hilfe wäre ein Weg, aber die vielen Energieblockaden können Doktor oder Psychiater nicht lösen. Heilungswege gibt es viele auf der ganzen Welt. Begabte oder speziell ausgebildete Menschen werden vom Universum in ihrer Heilkraft unterstützt. Diese energetisch arbeitenden Menschen fallen oft gar nicht auf, weil sie bescheiden sind. Kompetenz braucht keine Prominenz, sie ist einfach wirksam. Der bedürftige Mensch glaubt jedoch oftmals, der Therapeut, der am lautesten schreien kann, sei von Wichtigkeit. Oft stellt es sich als der größte Irrtum heraus.

Helfer, die leise sind, haben meistens etwas Wichtiges zu sagen. Sie fühlen das Leben in ihrem Körper, aber auch im Körper anderer Menschen. Sie fühlen das Leid eines Menschen da, wo es wirklich ist. Sie schauen nicht nur auf die Symptome, sondern dahinter. Je lauter jemand redet, umso weniger hat er zu sagen. Mensch! Höre lieber zu, was die

Wirklichkeit dir zu sagen hat! Auch schnelles Reden ist hohl, weil es keinerlei Wahrheit bringt. Verlass dich nicht auf das Sprechen der anderen, sie reden undeutlich und fremdbezogen. Sie meinen gar nicht dich, sondern hören sich oft nur selbst gerne zu.

Hat der Mensch einen Helfer gefunden, hilft das meistens nicht viel, denn er will letztlich doch nicht aus seinen althergebrachten Gedankenmustern heraustreten. Jemand hört ihm zu und sagt ihm die Wahrheit, aber er verhakt sich in seinen alten Hirngespinsten und verbarrikadiert sich dagegen. Sein Denken hatte jahrelang eine Schutzfunktion übernommen, aber jetzt braucht er sie eigentlich nicht mehr, sie stehen ihm nur noch im Weg. Doch damit tut sich der Mensch sehr schwer. Das tief in ihm sitzende ausgeprägte Ego bereitet ihm große Schwierigkeiten. Es schickt sogar die doppelte Anzahl starrer Gedanken und Ängste, damit es bloß nicht verloren geht. In diesem Zwiespalt erfährt der Mensch viele gedankliche Qualen. Er wehrt sich gegen sich selbst, weil er vom Verstand her meint: Das kann nicht gut gehen! Dabei weiß er nicht einmal, was Glücklichsein für ihn bedeutet.

Der Weg, den der Mensch jetzt gehen muss, ist seine Offenbarung sich selbst gegenüber. Er muss lernen, sich einzugestehen, unabhängig zu sein und einem Wandlungsprozess zu folgen, der alle Menschheit betrifft. Je eher er sich dafür öffnet, umso entspannter fühlt sich sein Leben an. Er wird noch eine gewisse Zeit lang Auseinandersetzungen mit Menschen haben, die ihn nicht verstehen wollen, doch die Zeit regelt das, es fügt sich zusammen, was zusammengehört.

Das Ego hat keine Chance, den Menschen zu überleben, es muss sterben. Seine Ansichten sind zu materiell und zu althergebracht. Das mentale Leiden muss ein Ende finden. Die neue Zeit bringt andere Menschen hervor, die glücklich sein wollen. Ihr Immunsystem ist viel stärker ausgeprägt. Sie wissen, den aktuellen Lebensmoment von Beginn an zu schätzen – nicht erst bei ihren letzten Atemzügen. Ihr Gedankenlärm ist sehr reduziert, sie bevorzugen ihre Gesundheit.

Mit der Zeit wird das laute Schreien leiser. Die Unzufriedenheit ebbt ab, und der Mensch versteht es, sich im Rhythmus der Gezeiten zu bewegen. Die Sonne und der Mond dürfen ihm näher kommen. Der Mensch weiß jetzt deren Kraft für sein Leben zu nutzen. Helligkeit und Dunkelheit gehören zu seinem Leben dazu, und er versteht es, sich darin aufzuhalten. Er balanciert sich aus über die wortlose Kommunikation. Er hat die Tiefe und Reichweite der Worte »Innerer Frieden« erkannt.

Der Mensch lernt in kurzer Zeit so viel über seine Veränderung. Unglaublich, wie die universelle Energie in der Lage ist, Neues zu erschaffen. Dies erreicht keine Weiterbildung über Jahrzehnte hin. Der Mensch muss nichts lernen, er muss nur verstehen, was in ihm passiert. Er muss jede Veränderung akzeptieren, um seine innere Ruhe zu finden.

Es sind die DREI BLATT, die ihm dazu verhelfen. Versinkt er darin in Meditation, ist er die längste Strecke seiner Veränderung schon gegangen. Der Rest ist dann nur noch göttliche Führung, dieser braucht er sich nur anzuvertrauen. Sobald sich Göttliches zu erkennen gibt und er bewusst mit sich selbst reden kann, ist er ein Teil seines Lebens geworden und steht nicht mehr »außer sich«.

Der Mensch ist angekommen in einer Welt, die zwischen den Welten liegt. Die sich verändern wird, die sich verändert, ohne das Einvernehmen irgendwelcher bestimmender Instanzen. Einfach, frei und ungezwungen erscheint so sein Leben. Wenn der Mensch nichts mehr versteht vom Leben, hat er alles verstanden. Er weiß mehr, als er denken kann, doch das sieht er nicht so. Der Mensch bezeichnet sich anfangs noch als unwissend und muss über Jahre hinweg das Fremde in sich studieren. Aber das Fremde ist nicht fremd, er kennt es bloß nicht. Die Zeit der Erkenntnis, sie reift in ihm heran und stellt sein Leben wieder auf die Füße. Der Baum, mit den drei Blättern, bringt seinen inneren Widerstand zu Fall.

Freiheit bedeutet für den Menschen nicht, eingesperrt zu sein in seiner eigenen kleinen Gedankenwelt. Der Überblick über das gesamte Leben, dies ist die Erkenntnis, die ihn gesund erhält. Scheinen die drei Blätter an seinem Baum auch sehr klein zu sein, so dass er sie in seinem Leben übersehen könnte, wird er, weil sein Leidensdruck zu groß wird, anfangen, sie zu beachten und ein Bündnis mit sich selbst eingehen.

Ausgereifte Gedanken entstehen niemals in einer Gedankenmühle. Sie werden vielmehr vom Universum als eine Erkenntnis geschickt, und deren richtige Umsetzung lässt das Leben wahr werden. Mehr ausklinken aus dem Denken statt einklinken. Wahrheiten sind so leicht zu finden. Man sollte nicht das Denken nutzen, um nach ihnen zu schauen. So erkennt man niemals den wahren Grund für das eigene Leid. Ursachen können nicht gedacht werden, sie werden erkannt, wenn sie nicht gefragt sind. Der Lebenswind, er erzeugt keine Wirbel. Die Natur macht es vor, sie ist der beste Lehrer, den man erfahren kann. Sie lehrt, wie leicht man als Blatt im Wind flattern kann. Loslassen, sich lösen von all dem Kram aus der Vergangenheit. Arbeit am Selbst annehmen, die keine ist. Aus schweren Gedanken leichte machen und die ständigen Überlegungen in Lebensfluss verwandeln. So einfach ist alles, wenn man sich der gedanklichen Wichtigtuerei entzieht.

Der Mensch braucht im Leben Strukturen, um sich irgendwo festzuhalten. Das Leben selbst will frei sein, um sich zu entfalten. Und jeder Mensch will auch auf seine Art und Weise frei und glücklich sein. Zwanglos, nicht vom Kopf gesteuert, nur so kann er mit seiner inneren Balance reden. Sorgenfrei wird sie sich ihm zeigen. Er lernt, auf einem Bein zu stehen und kommt trotzdem vorwärts.

Gott fordert Gerechtigkeit ein, das ist sein Lebensprinzip. Gib ihm freie Hand und lerne, dich loszulassen, so hast du immer festen Boden unter den Füßen. Je tiefer du in dich hineinfällst, umso sicherer fühlst du dich in deinem Leben. Sag »Danke!« zu Gott, weil er dir deinem Leben in Freiheit und Zufriedenheit mit Güte geschenkt hat. Unbezahlbar werden deine Erfolge sein!

Wenn du denkst, dass diese Art der Blatt-Zählungen nutzlos ist, irrst du. Es ist die leichteste und wirksamste Methode, den Geist zu heilen, die Erfahrungen haben es gezeigt. Der Geist liebt es, wenn er gedanklich geschont wird. Wenn er ungenutzt bleibt von Quälgeistern, deren Bedeutung bedeutungslos ist. Du bist schneller in eine Gedankenfalle getreten, als du dich davon wieder befreien kannst. Verweile im leeren Geist, so bleibst du gesund – das ist eine Kunst, die nur wenige Menschen beherrschen. Mit Meditation kannst du auch Störfelder beseitigen, die in Wirklichkeit keine sind, sondern nur die Handlanger und Quälgeister des Ego. Verschonst du den Geist vom vielen Denken und schenkst ihm Freiheit, ist sein Dank die Stille in deinem Körper. Du wirst besonnen und findest dich besser in der Welt zurecht. Ein ruhiger und zufriedener Geist schenkt dem Menschen so viel Liebe und Glück, dass er davon überquillt. Glücksgefühle und Glücksmomente, wie viele Menschen möchten nicht gerne darin baden?

Die Anforderungen, die das Ego an den Menschen stellt, sind so hoch geschraubt, dass sein Geist kapitulieren muss. Die fremde Bestimmung zwingt ihn in die Knie. Oft sind Tabletten die einzige Chance, ihn ruhig zu stellen. Wenn der Mensch sich selbst im Kopf überfordert fühlt, bringt das auch seinen Körper ins Wanken. Und verliert dieser das Gleichgewicht, haben seine Organe nichts zu lachen. Sie werden dann zu einer Müllhalde, die mit gedanklichen Giftstoffen gefüllt wird. Die Negativität zerfrisst sie alle – ein Organ nach dem anderen füllt sich mit Krebszellen. Dagegen kommt keiner an, chancenlos wird der Mensch niedergemetzelt von innen heraus.

An jeder Straßenecke steht und wartet die Unzufriedenheit. Sie ist so machtvoll und übergreifend, der Mensch kann sich ihrer nicht erwehren. Er muss Abbitte leisten, um sich wieder ein Stück entgegenzukommen. Die eigene Körperfeindlichkeit zu besiegen, bedeutet sehr viel und gewissenhafte Arbeit. Sich der Stille anzunähern, braucht monatelanges, über Jahre hinweg selbst geübtes Meditieren. Der Weg dahin eröffnet sich erst über den Zeitstrahl. Man begibt sich ohne ein Verlangen oder eine Absicht hinein. Die Dauer und die Tiefe der Stille sind maßgebend für die Heilung. Anfangen wird alles mit der DREI BLATT-Zählung. Ihre singende Monotonie ist beruhigend für Körper, Geist und Seele. Kein Reden kann mächtiger sein als DREI BLATT im Wind. Allein diese Betrachtungsweise reicht aus, es zu mögen. Wer sich darin vergessen kann und fernab vom Denken wandelt, der erschafft sich ein Weltbild der Superlative, uneingeschränkt und offen.

Der Mensch glaubt, nichts zu wissen, doch er weiß mehr, als er denkt. Er traut sich nur nicht, sein Wissen anzunehmen, weil es vom Denken vereinnahmt und verdreht wird. Es spielt die erste Geige und bestimmt den Lebensablauf, dabei hat es in Wirklichkeit keine Ahnung davon. Außer ziellosem Reden hat das Denken nichts gelernt. Über Jahre hinweg hält es sich damit über Wasser. Es sieht das Sonnenlicht nur leicht schimmernd und ertrinkt in der Unwissenheit. Wer unter Wasser seine Augen öffnet, blickt in die Tiefe der Finsternis.

Schwimme zur Quelle zurück! Dorthin, wo alles entstand! Dort badet der Geist im klaren Wasser. Erfrischend fühlt es sich an, weil du keine Strömung spürst. Du wirst nicht hin und her gespült, du kannst ruhig dahinfließen. Doch je weiter weg du dich von der Quelle weg bewegst, umso unruhiger wird dein Fließen. Alle Steine beeinflussen den Weg, sie sind Teile der angestauten Gedankendämme.

Der Mensch ist der Baumeister und Konstrukteur seines eigenen Lebens, und er glaubt, alles im Griff zu haben. Das Gegenteil ist aber der Fall, so entgleitet es seinen Händen. Je mehr er gedanklich danach greift, umso weiter weg entschwindet es. Noch nie sind Gedankengänge heilsame Wege gewesen. Sie sind eher ein Doping, das für kurze Zeit eine Verbesserung verspricht. Der Mensch verrennt sich mit seinem vielen Nachdenken in der Aussichtslosigkeit und kann darin sogar der Schizophrenie begegnen. An jeder Gedankenecke warten Süchte, die ihn vom Weg abbringen wollen. Der Mensch ist viel zu leicht beeinflussbar, er hinterfragt nicht die Tücken seines erdachten Lebens. Ohne es zu bemerken, ist er in eine gedankliche Sackgasse abgebogen und wird darin für Jahre festgehalten. Erst wenn seine Qualen unter dem Gedankenterror unaushaltbar werden, versucht der Mensch sich daraus zu befreien. Findet er genug Kraft und Ausdauer, bleibt er von der Lebensverachtung verschont. Zu schnell zeigt der eigene Körper sein Zerfallen an, weil er nicht richtig gedanklich ernährt wurde. Weil er nur Aufgezwungenes verdauen musste und damit nicht zurechtkam.

Ihm wird übel vom Leben. Eine Magenspiegelung ist dann erforderlich, die zeigt, wie sich der Mensch selbst innerlich auffrisst. Er fühlt sich nicht mehr wohl in seiner Haut und ist nicht mehr imstande, sich selbst zu regenerieren. Schmerzen und Krankheiten bestimmen sein Dasein. Der Magensaft schmeckt so bitter, dass ihm ständig übel wird, am liebsten würde er sein Leben erbrechen. Zu viel unverdauliche Gedankenlast hat sich darin angesammelt und festgebissen.

Das Denken hat ein Problem mit dem Loslassen. Zu viel Altes fängt an, zu stinken, und der Mensch verfault innerlich. Wenn er es schafft, das Gestern zu vergessen und nicht an morgen zu denken, hat er sich ein Stück davon selbst gereinigt. Je älter sie ist, umso intensiver hält die Gedankenwelt an der Vergangenheit fest. Sich darin zu vergessen, ist dem Denken nicht sehr angenehm. Über das Erinnern erhält das Denken seine Macht aufrecht, und keinesfalls will es sich dessen entledigen. Der Mensch ist bereit, zu leiden, Hauptsache sein Gedankengut wird nicht beschädigt und in Mitleidenschaft gezogen. Damit kann der Mensch wissend tun und über seine Unwissenheit hinwegtäuschen.

Die Selbstfindungsphase ist ein Prozess, der sich nicht von heute auf morgen vollzieht, er geht über Jahre hinweg. Auf den Punkt gebracht, ein ganzes Leben lang vollziehen sich Veränderungen in Körper, Geist und Seele. Es gibt keinen Anfang und kein Ende, man befindet sich mitten in diesem Lebensfluss. Wie tief und vollkommen sich dieser Prozess gestaltet, ist von Mensch zu Mensch verschieden. Je mehr Interesse man an sich selbst hat, am Leben und dessen Gestaltung und am Erkennen der eigenen Persönlichkeit, umso kürzer dauert der Prozess. Es zieht sich hin, wenn man an alten Denkmustern festhalten möchte, bis man sie doch loslassen muss. Der Mensch ist ein interessantes, filigranes, gut konzipiertes Geschöpf. Er besitzt Fähigkeiten, die weit über sein Denken hinausgehen. An diese heranzukommen, die von seinem Denken eingesperrt sind, wird als die »Kunst des Lebens« bezeichnet.

Der Mensch will schöpferisch tätig sein. Er will kreativ sein und intuitiv leben. Dies alles ist möglich, doch dafür braucht der Mensch keinen

Gedankenmantel, er muss ihn ausziehen wollen. Frei und schöpferisch tätig kann man nur sein, sobald man sich seiner Zwänge und Ängste entledigt hat. Wenn man dem eigenem Leben die Freiheit gewährt, die es braucht. In Gedankengefängnissen sterben die meisten Leute, weil ihnen die frische Luft zum geistigen Atmen fehlt. Ohne Sonnenschein ist auch kein glückliches Leben möglich. Licht ist Nahrung für Körper und Geist. Man muss lernen, an sich selbst festzuhalten, um im Leben sicher zu stehen. Der Mensch muss seine Komplexität erkennen und in sein Leben integrieren. Eine Zigarette oder eine Flasche Bier sind nicht seine Grundnahrungsmittel, und mit Handy und Computer verspielt er sein Leben. Gestärkt wird der Körper nämlich wirklich nur von der Liebe.

Liebe, selbst hervorgebracht, kreativ und lebendig, ist das natürlichste Aufputschmittel, es lässt den Menschen tanzen. Der Mensch besitzt unzählige Freuden, er hat alles, was er braucht. Er spürt es in der Selbst-Umarmung. Spürt der Mensch Freude und Glück, öffnet sich in ihm das erfüllte Sein. Seine Empfindungen sind die Nahrung, die ihn wachsen lässt. Ein toller Mensch zu sein, heißt nicht, nur zu funktionieren. Es ist die Selbstliebe, die das erfüllte Leben erschafft. Sie trägt alle Qualitäten und Erkenntnisse in sich. Sie ist so einfach zu erschaffen, der Mensch muss nur mit ihr über den Zaun der Schwierigkeiten hinwegklettern. Dann tut sich das Wunderland auf, nach dem der Mensch schon so lange sucht.

Alles ist da, es tritt zur rechten Zeit in sein Leben ein. Es muss nichts erzwungen oder zerredet werden, einfach nur erkannt. Je freier sich der Mensch in seinem Leben bewegt, umso offener hält er sich die Türen. Jede gedankliche Fessel bringt ihn zu Fall, und das muss nicht sein. Ein Lebensweg sollte lang sein und sich nicht durch Gedankenfallen verkürzen. Der Mensch hat nur ein Leben, das er geschenkt bekommen hat, und es sollte seiner Bestimmung entsprechend verbracht werden – in Selbstlieben und nicht Selbstverachtung.

Die Spezies Mensch ist auf der höchsten Stufe ihrer Entwicklung fast angekommen, da beginnt er wieder mit der Zerstörung, noch bevor er ganz ausgereift ist. Wer vor dem Glashaus seines Lebens sitzt, sollte nicht mit Gedankensteinen danach werfen. Er sollte lieber Putzzeug nehmen, um die Scheiben schön blank zu bekommen, damit er tiefer hineinsehen kann. Die Blickrichtung nach außen verwirrt den Menschen nur noch mehr. Der innere Kompass ist der richtige Wegweiser. Das Außen bringt bloß unentwegt Störfelder angeschleppt, und der Mensch glaubt auch noch, er bekäme etwas Besonderes geschenkt.

Sich als Mensch zu fühlen, bedeutet aber auch, sich als Mensch zu geben, sich weder zu verstecken noch benutzen zu lassen. Das eigene Erkenntnispotenzial ist die Macht, die man ausleben sollte. Spielt man damit, verspielt man sich selbst. Da knüllt man sich zusammen wie ein Stück Papier, auf dem nichts weiter steht als »Wieso?« und »Warum?«

Wenn man sich fühlt, muss man nicht unbedingt die Augen offen haben. Das Fühlen sieht mehr als das Denken. Das Denken bemerkt die Situation erst, wenn sie schon vorbei ist. Das Fühlen dagegen nimmt sie schon in der Entstehungsphase wahr. Es reagiert weit eher und geht unbekümmert durch den Tag. Die Gabe, die der Mensch besitzt, in seinen Gefühlen zu leben, ist beträchtlich. Unbegrenzt kann er sie in sich entfalten. Eine Lebensqualität, die einmalig ist. Es steht jedem frei, und jeder kann es tun.

Das Fühlen verändert den Menschen, das Denken lässt ihn stagnieren. Auch wenn er glaubt, Abertausende Erfindungen gemacht zu haben, um sein Außen schön und bequem zu gestalten. Dies hat rein gar nichts mit seiner inneren Erfülltheit zu tun. Im Gegenteil, seinem Lebensbaum fehlt das Wasser. Die DREI BLATT hängen vertrocknet am Ast, auch wenn im Außen alles gereinigt und geordnet ist. Der grüne Baum steht symbolisch für ein vitales Leben. Die DREI BLATT sollte der Mensch also stets pflegen, damit sie nicht vertrocknen – und genauso sein Leben.

**Nähe zu sich selbst ist eine Möglichkeit,
Liebe zu erfahren.**

EIN BLATT ZWEI BLATT DREI BLATT EIN BLATT ZWEI BLATT DREI BLATT
EIN BLATT ZWEI BLATT DREI BLATT EIN BLATT ZWEI BLATT DREI BLATT
EIN BLATT ZWEI BLATT DREI BLATT EIN BLATT ZWEI BLATT DREI BLATT
EIN BLATT ZWEI BLATT DREI BLATT EIN BLATT ZWEI BLATT DREI BLATT
EIN BLATT ZWEI BLATT DREI BLATT EIN BLATT ZWEI BLATT DREI BLATT
EIN BLATT ZWEI BLATT DREI BLATT EIN BLATT ZWEI BLATT DREI BLATT
EIN BLATT ZWEI BLATT DREI BLATT EIN BLATT ZWEI BLATT DREI BLATT
EIN BLATT ZWEI BLATT DREI BLATT EIN BLATT ZWEI BLATT DREI BLATT
EIN BLATT ZWEI BLATT DREI BLATT EIN BLATT ZWEI BLATT DREI BLATT
EIN BLATT ZWEI BLATT DREI BLATT EIN BLATT ZWEI BLATT DREI BLATT
EIN BLATT ZWEI BLATT DREI BLATT EIN BLATT ZWEI BLATT DREI BLATT
EIN BLATT ZWEI BLATT DREI BLATT EIN BLATT ZWEI BLATT DREI BLATT
EIN BLATT ZWEI BLATT DREI BLATT EIN BLATT ZWEI BLATT DREI BLATT
EIN BLATT ZWEI BLATT DREI BLATT EIN BLATT ZWEI BLATT DREI BLATT
EIN BLATT ZWEI BLATT DREI BLATT EIN BLATT ZWEI BLATT DREI BLATT
EIN BLATT ZWEI BLATT DREI BLATT EIN BLATT ZWEI BLATT DREI BLATT
EIN BLATT ZWEI BLATT DREI BLATT EIN BLATT ZWEI BLATT DREI BLATT
EIN BLATT ZWEI BLATT DREI BLATT EIN BLATT ZWEI BLATT DREI BLATT
EIN BLATT ZWEI BLATT DREI BLATT EIN BLATT ZWEI BLATT DREI BLATT
EIN BLATT ZWEI BLATT DREI BLATT EIN BLATT ZWEI BLATT DREI BLATT
EIN BLATT ZWEI BLATT DREI BLATT EIN BLATT ZWEI BLATT DREI BLATT
EIN BLATT ZWEI BLATT DREI BLATT EIN BLATT ZWEI BLATT DREI BLATT
EIN BLATT ZWEI BLATT DREI BLATT EIN BLATT ZWEI BLATT DREI BLATT
EIN BLATT ZWEI BLATT DREI BLATT EIN BLATT ZWEI BLATT DREI BLATT
EIN BLATT ZWEI BLATT DREI BLATT EIN BLATT ZWEI BLATT DREI BLATT
EIN BLATT ZWEI BLATT DREI BLATT EIN BLATT ZWEI BLATT DREI BLATT
EIN BLATT ZWEI BLATT DREI BLATT EIN BLATT ZWEI BLATT DREI BLATT
EIN BLATT ZWEI BLATT DREI BLATT EIN BLATT ZWEI BLATT DREI BLATT
EIN BLATT ZWEI BLATT DREI BLATT EIN BLATT ZWEI BLATT DREI BLATT
EIN BLATT ZWEI BLATT DREI BLATT EIN BLATT ZWEI BLATT DREI BLATT

ZWEI BLATT

Lieber Mensch, umarme dich hundertmal am Tag und freu dich, dass du lebst. Etwas Besseres kann dir dein Leben nicht bringen. Du nützt der Menschheit erst etwas, wenn du das Wunder in dir für dich erkannt hast. Gedanklich frei sein, mehr ist es nicht. Über niemanden reden oder herziehen, anderen auch ihre Freiheiten lassen. Das wirkliche Leben kennt kein Denken, es wird vom Fühlen bestimmt, und darin liegt diese gewisse Lebensqualität, die glücklich macht. Der Mensch kann putzen und wischen wie er will, solange er nicht sein Herz und seinen Körper noch von den kleinsten Gedankenkrümeln befreit hat, wird er kein entspanntes und entkrampftes Leben führen können. Jeder Gedankensplitter vermindert die Sicht auf das eigene Leben. Da hilft auch kein Tragen einer dunklen Brille, sie macht es noch unschärfer. Klarheit entsteht durch klare Gedanken, und diese sollte man so klein wie möglich halten. Viel zu schnell werden sie von alleine groß, wenn sie zu sehr mit Worten gefüttert werden.

Der Mensch kann sein Leben gestalten, indem er sich die selbst erschaffene Maske wieder vom Gesicht herunterreißt. Nur so wird er schmerzfrei leben können. Dann ist da aber noch der Gedankendreck der anderen, er klebt zusätzlich an seiner Backe. Warum tut er sich das an? Hat er nicht genug Sorgen? Dinge mit sich selbst zu klären? Will er nicht, oder kann er keine Lösung finden? Raus aus dem Denken! Dann offenbaren sich die DREI BLATT am Baum. Dann erst wird alles grün. Immergrün lautet dann sein Name.

Diesen gedankenlosen Strom der Monotonie aufrechtzuerhalten, gelingt nur, indem man sich voll und ganz auf das Zählen der DREI BLATT konzentriert. Damit kann man das ewige Sich-Aufbäumen der Gedanken, die versuchen links und rechts hereinzuströmen, immer wieder abwehren. Man kann sie regelrecht mit diesem Blattmantra überschreiben, bis sie dessen Wichtigkeit erkennen und sich von selbst zurücknehmen. Anfänglich ist Gedankenkraft so stark, dass man glaubt, diese Macht nicht besiegen zu können. Doch das unaufhörliche und monotone Probieren erhält mit der Zeit eine gewisse Festigkeit. Der Verstand wird immer mehr in den Hintergrund gedrängt. Es verliert so nach und nach seine Wichtigkeit und räumt dem Blätter-Zählen immer mehr Platz zwischen den Gedanken ein. Sobald dieser Punkt beim Zählen erreicht ist, an dem die Gedanken die Blätter akzeptieren, was bis dahin natürlich einen gewissen Zeitaufwand bedeutet, gerät das Denken in eine stille Periode hinein. Das hängt aber auch von der Intensität und der Ausdauer beim Zählen ab. Gedanken erfahren nur Stille, wenn sie bewusst gelenkt und geleitet werden. Indem sie beispielsweise eine Denkaufgabe gestellt bekommen, mit der sie nicht rechnen. Dann werden sie ruhig und konzentrieren sich darauf, was mit dieser Fragestellung gemeint ist.

Sind Gedankenpakete zu schwer und nervig geworden, muss man versuchen, sie zu stoppen. Man sollte die Aufmerksamkeit bewusst zwischen die Gedanken schieben und fragen: »Was ist mein nächster Gedanke?« Die eigenen Gedanken sind dann für den Moment so überfordert und verdutzt, dass sie auf diese unerwartete Frage keine spontane Antwort haben. Für mehrere Sekunden ist der Denkapparat ausgeschaltet, regelrecht blockiert. Er sucht nach Antworten und Lösungen, findet aber keine. Unter der Vielzahl der anstehenden Gedanken kann sich das Denken nicht gleich für einen wichtigen entscheiden und muss erst einmal sortieren.

Diese Sekunden der Gedankenstille sollte der Mensch ausnutzen und sich selbst fragen: »Was fühle ich in diesem Moment?« Der Mensch muss gleichzeitig, während er sein Denken ausbremst, sein Fühlen aktivieren und beobachten. Je öfter er dies tut, desto stärker entwickelt sich die eigene Wahrnehmung und desto schneller und intensiver wird das Denken in die Ecke gedrängt. Die mentale Intensität lässt nach und man fühlt sich nicht mehr so beengt. Man vertraut sich mehr, weil die eigenen Gefühle nach und nach die Oberhand gewinnen. Dadurch wird der Mensch sicherer in der Gestaltung seiner Lebensfragen.

»Muss ich das jetzt tun oder kann ich es lassen?« – dieser Zweifel entfällt. Man ist sich jetzt sicher, wenn der Bauch entscheidet. Er kennt keine Ängste und Unsicherheiten. Er fühlt das Richtige und fordert den Menschen auf, es zu tun. Man lernt mit der Zeit, sich auf sein Gefühl zu stützen und sich selbst zu vertrauen. Der Mensch erfährt eine Sicherheit, die auch Standfestigkeit mit sich bringt.

Hat der Mensch es geschafft, aus seinen Gefühlen heraus zu leben, gewinnt sein Leben mehr an Bedeutung. Er kann es bewusster und kreativer gestalten. Er fühlt plötzlich Liebe in sich, die auftaucht, weil er sich selbst beachtet. Ungeachtet des einströmenden Alltages, der sich überall aufdrängen möchte, bleibt der Mensch doch bei sich. Lässt sich nicht ablenken oder beeinflussen von Nichtigkeiten. Der Mensch lernt mit der Zeit, die richtigen Entscheidungen zu treffen. Er vertraut seinem Gefühl und dem Leben, so wird er auch glücklich hindurchgeführt. Der Bremsklotz waren nur die Zweifel, und die entfallen jetzt. Der Mensch schafft Ordnung in seinen Gedanken, indem er sie immer mehr voneinander trennt. Er drückt sie bewusst auseinander und grenzt deren Reichweite ein.

Das ständige Sich-selbst-Fragen: »Was ist mein nächster Gedanke?« ist eine Hilfe dabei. Diese ungewöhnliche Herausforderung hält das Denken vom Denken ab. Es weiß nicht, was es antworten soll und vergisst plötzlich, über unbedeutende Dinge stundenlang nachzudenken und bis in die Nacht hinein darüber zu grübeln. Es erinnert sich an nichts mehr, weil nur noch eine Frage im Vordergrund steht: »Was ist der nächste Gedanke?« So kappt man seine eigenen Gedankenschleifen, und mit der Zeit fallen sie auseinander. Der Denkfluss verliert immer mehr an Stabilität. Der geglaubte Sinn darin geht verloren. Der Mensch fängt jetzt an, sich auf das Wesentliche in seinem Leben zu konzentrieren, auf sich selbst!

Der Mensch weiß plötzlich nichts mehr mit seinem Denken anzufangen. Er produziert nur noch Luftschlösser, die ihn gedanklich in Ruhe lassen. Er ist bewusst und auch unbewusst am Überlegen, was er als Nächstes denken soll. Ihm fällt momentan nichts ein, was es zu denken gibt. Er muss sich auf die Frage konzentrieren, was er denken soll. Und da sind wir wieder bei den DREI BLATT angelangt. Sie sind der nächste Schritt, sich noch mehr dem Erlernen des Nichtdenkens zu widmen. In der Monotonie erstickt das gedankliche Herumfaseln. Immer mehr Wichtigkeiten verlieren sich in der Unwichtigkeit. Es entsteht im Kopf mehr Freiraum für das eigene Ich. Man entfaltet seine Kreativität, seine Intuition, und das Mitgefühl kommt zum Tragen. Man wählt Worte bewusster, die heilende Wirkung haben. Man verändert seine Ausstrahlung und die Zuneigung zu sich selbst wächst an. Innere Ruhe erzeugt inneren Frieden. Das Außen tritt einen Schritt zurück, und man kann sich freier bewegen. Was einst quälende Gedankenstunden waren, wird jetzt zu einer entspannten Zeit für Körper, Geist und Seele. Man hat den Abgrund der Gedankenvielfalt überwunden! Das bewusste und uneingeschränkte Leben kann sich jetzt entfalten. Die Zeit hat an Raum gewonnen. Sie verschwendet sich nicht mehr mit unzufriedenem und nörgelndem Gedankengut. Man fängt an, auszusortieren: Was gehört ins Denken und was nicht? Man erkennt immer mehr, dass Denken Negativität ist. Es schädigt die Körperzellen und verstümmelt den Geist.

> **Wie will man geheilt werden,**
> **wenn man sich gedanklich nicht verschont?**

So wird man nach und nach bewusster, der innere Frieden baut sich immer mehr aus, bis man an einem Punkt angelangt, wo man sein Denken vergessen hat. Man zieht mit seinen eigenen Gefühlen durch das Leben und geht glücklich und erfreut in jeden Morgen. Doch ehe es so weit ist, müssen Jahre aufgearbeitet werden. Muss Frieden geschlossen werden mit der Kindheit, mit der Mutter und mit dem Vater. Man muss jedem Menschen den Platz einräumen, der ihm gebührt. Darin darf man sich selbst nicht vergessen, man steht an erster Stelle. Egal wie lang die Menschenschlange ist, die man abarbeitet, der Letzte wird der Erste sein. Wieder dem Leben anzugehören, ist schon ein erhebendes Gefühl! Hat man alles vergessen, auch sich selbst, ist man bei sich angekommen.

Alle Versuche, sich selbst zu heilen, können nur über das Bereinigen des Denkens gelingen. Mit fröhlichen und lustvollen Gedanken und Gefühlen wird der Mensch niemals krank werden. Diese positiven Energien beleben die Körperzellen und lassen den Geist jeden Tag neu erstrahlen. Je mehr man sich selbst anlacht, umso mehr Glücksmomente erfährt man. Die Selbstliebe ist ausschlaggebend, um erfolgreich und glücklich ins Außen zu gehen. Loslassen, das eigene Lächeln annehmen, das ist die Kunst, sich glücklich zu fühlen.

| Sage mir, dass du mich liebst und ich liebe mich.

Heilung ist immer Selbstheilung. Schaue auf dich und du schaust auf die Welt. Hilf dir selbst und die Natur wird gesund bleiben. Gedanklich ungehindert tauchen Entscheidungen auf, die von Meditation begleitet werden, vom Universum geschickt ohne Bedingungen, die einfach nur Liebe und Zufriedenheit ausdrücken sollen. Der Mensch kann sich gedanklich unbefangen Wünsche erfüllen, er braucht nur »Danke!« zu sagen. Die geistige Welt gewährt alle Wünsche, doch nur zu ihrer Zeit. Die Dinge geschehen, wenn sie gereift sind. Wenn sie sich ereignen dürfen, weil ihr Kommen erst jetzt gefragt ist. Je mehr man sich des Gedankenmülls entledigt, desto näher kommt man sich selbst und desto selbstverständlicher geschehen all die Dinge um einen herum – unbestimmt, zweifelsfrei und in aller Zufriedenheit. Der Mensch schließt sich der göttlichen Führung an, dann ist alles eine Fügung. Es geschieht ohne sein Zutun und Einverständnis, allumfassend und zeitlich richtig, er muss es nur zulassen und darf sich gedanklich nicht versperren.

Das Freilassen von eingesperrtem Gedankengut ist ein gewaltiger Erleichterungsakt. Der Mensch glaubt, im falschen Film zu sein. Dabei nimmt er aktiv am Leben teil, während er sich freilässt und unbestimmt danebensitzt. Weil er zufrieden ist mit den Antworten, die ihm das Universum schenkt. Lebensfreude heißt, ein Stück Freiheit für sich selbst in Anspruch zu nehmen. Die Überbedeutung aus allen Dingen herauszunehmen, und zwar so lange und so oft, bis sie zur simplen Alltäglichkeit werden. Geschehen zu lassen, was geschehen kann, ist von besonderer Wichtigkeit, weil keine Wertigkeit im Geschehen liegt. Es gibt keinen Grund, misstrauisch zu sein, weil das Geschehen-Lassen bedeutet, keine Bedingungen zu stellen. Der Mensch ist frei, mitten im Geschehen.

Nicht der Mensch regelt diesmal die Geschicke, Gott hält alle Fäden des Glückes zusammen. Er hat die Macht über jedes Verstehen und Geschehen in seiner Richtigkeit. Der Mensch kann unendlich viele Gedanken in die Welt schicken, kein einziger wird sie berühren. Sie sind gefühllos und schwach. Was der Mensch nicht weiß, ist der Umstand, dass er nicht in der Lage ist, die Welt über das Denken zu verändern. Er kann nur sich verändern, und dann erst nimmt er Anteil daran. Die Welt unterliegt einem Rhythmus, erfährt Wachstumsschübe, der Mensch hat sich ihr angeglichen, sonst könnte er nicht existieren. Seine Verstimmtheit darüber und darauffolgende Krankheiten zeigen sein inneres Auflehnen dagegen an. Warum? Der Mensch hat nichts zu tun, deshalb glaubt er am Weltgeschehen herumdrehen zu müssen. Dabei hat er genug Arbeit mit sich selbst, seine Tag und Nächte würden dafür nicht ausreichen. Doch was macht der Mensch? Er kneift. Nicht, dass er zu faul wäre oder zu unanständig, nein, es ist die eigene Angst vor sich selbst. Vor dem Eingeständnis der selbst erdachten Unzufriedenheit, etwas von dem abzugeben zu sollen, was ihm sowieso nicht gehört. Das, was er meint, materiell erworben zu haben, um seine in ihm Schlange stehenden Ängste zu deckeln. Sein Leben hängt sich an der Fremdbestimmung auf und zerreißt dadurch in Fetzen, dass kein Mensch sich dafür interessiert. Die Lebensfreude ist dafür gemacht, dass man sie erfährt und nicht in Eile überfährt.

Vom Menschen kann nicht viel übrig bleiben, wenn er so rücksichtslos und unerschrocken durch sein Leben geht. Sollte ihm ein Gefühl begegnen, würde er die Gedankenleichen am Rande seines Lebensweges liegen sehen. Doch ungeachtet seines Mitgefühls geht er daran vorüber. Warum der Mensch so oft skrupellos ist, weiß er selbst nicht. Erfährt er selbst Leid, erweckt das in ihm ein Gefühl, selbst vergessen zu sein. Plötzlich merkt er, wie einsam er ist, dabei hat er noch nie irgendwo dazugehört. Nicht einmal sich selbst hat er sich angeschlossen. Die Schwemme der Gedanken entfernte ihn aus seinem Körper. Er hängt wie ein Luftballon zwischen den Welten. Unbeachtet, schäbig und mit keinerlei Wissen über sich selbst. Dabei hat er die höchste Schulbildung genossen, die es gab, und ist letztendlich doch unwissend über sich selbst geblieben. Zu viele Zwänge haben sein Leben dirigiert. Er konnte nicht einmal herausfinden, wer er war. Das Selbstvergessen hat ihn eingeholt. Er hat nach der Wichtigkeit im Außen gelebt. Dabei blieb zum Schluss nichts übrig, was ihm gehören konnte. Der Mensch hat sich verloren im Nichts, weil er sich nicht erkannt hat.

Bedeutung erwächst aus der Bedeutungslosigkeit heraus. Dieses zu erfahren, ist ein gewaltiger Schritt im Erkennen des eigenen Lebens. Sich wahrzunehmen, wo man jahrelang nicht anwesend war, ist fast undenkbar. Man wurde nur von einem Gedanken in den nächsten geschubst. Ein Denken löste das andere ab. Der Mensch bewegte sich wie ein Kreisel, ohne zu sehen, was um ihn herum passiert. Jedes Geschehen ist ihm entgangen, die Gläser seiner Brille waren beschlagen. Die Menschheit kreiert die Mode der Finsternis mit Finsternis. Kein Wunder, dass das eigene Leben unentdeckt bleibt, wenn man sich nur von Schweinefleisch und Pommes ernährt. Man wächst mit dem, was man an gedanklicher Nahrung aufnimmt. Entweder es nährt oder es zehrt, es kommt immer auf die Zusammensetzung an. Gedanklich aufgegessen hat man sich schnell, und man wundert sich noch, dass nichts übrig geblieben ist an Erkenntnissen.

Der Mensch schlachtet sich selbst aus, indem er zum Fleischer geht. Dabei verfaulen ihm seine Zähne, weil sie gedanklich nicht richtig gepflegt werden. Die Ängste und der viele Zucker fressen die Löcher in die Zähne. In Maßen zu essen und zu denken, hat der Mensch nie gelernt. Lieber verliert er seine Zähne, als seinen Körper bewusst speisen zu lassen.

Durch das ständige wiederholende Zählen der DREI BLATT, sehr bewusst und indem man sich aufopfert, sich regelrecht in ihnen vergisst, vollzieht sich ein gewaltiger Bewusstseinswandel im Menschen. Gleichzeitig zieht sich das Denken in ein so tiefes Jenseits zurück, das der Mensch anfängt, sich tatsächlich selbst zu vergessen. In einer Art Hypnose zeigen sich noch einmal die Dinge im Unterbewusstsein, die sein klares Denken blockieren und sich dann nach oben drängen. Sie wollen regelrecht verlorengehen. Der Körper gibt dieser Bitte nach und lässt sie los, indem er in eine Art Trance geht. Er folgt dem Ruf des Herzens, um sich besser zu fühlen.

Die Zeit hilft mit, diese Ausgrabungen voranzutreiben. Der Mensch fühlt sich dadurch erleichtert. Es drängt ihn immer wieder, die drei Blätter anzuschauen, er spürt eine enorme Verbesserung seines Wohlbefindens. Sein ganzer Körper entspannt sich Stück für Stück. Das gedankliche Desaster kann er dadurch in Grenzen halten. Es entstehen keine Fehlentscheidungen mehr, weil der Mensch fokussiert handelt. Die Auszeit fällt weg, die er sich nehmen müsste, um zu regenerieren. Diese Blätter erreichen den Status einer inneren Führung. Durch sie erkennt der Mensch das Weitergehen in seiner Gedankenreihe. Er besitzt jetzt die Fähigkeit, sich aus seiner Selbstbestimmung herauszunehmen. Den Gedankenfluss an sich vorbeifließen zu lassen und ins Betrachten überzugehen. Das Bewerten und Beurteilen hat sich für ihn erledigt. Außer fremden gedanklichen Anhaftungen hat er nichts mehr zu bieten.

Er möchte gerne gedanklich sauber bleiben, indem er sich redend im Reden ziert. Seine denkende Tätigkeit verringert er dann bewusst bis zu einem Modus der Stille. Er muss sich zählenderweise unzählige Blatt angeschaut haben, um sich darin zu leben. Seine Gedanken bestehen nur noch aus Blattwerk. Sein Denken verweigert sich einer Aufnahme des ihm Fremden. So fängt der Mensch an, sich nach und nach zu opfern, bis er zum Schluss nur noch übrig bleibt. Doch diesem Ende zu begegnen, kann sich ein ganzes Leben lang hinziehen, weil täglich, stündlich neue Anforderungen an den Geist gestellt werden. Er muss sich aus diesem mechanisierten Denken befreien. Er bekommt jetzt die Möglichkeit, selbst zu entscheiden. Er wird aufgefordert, ins Leben einzutreten, als eine Randerscheinung zu fungieren, gehört der Vergangenheit an. Das harmonische Zusammenwirken im Körper rückt immer näher.

Es entwickelt sich durch die ausdauernde Blattzählung ein ganz neues Verstehen der eigenen Körpersprache. Der Mensch reagiert plötzlich auf diese Zeichen und hilft damit, sich selbst zu heilen. Nirgendwo anders erfährt er so viel Nähe als in sich selbst. Es sind die Selbstheilungskräfte, die ihn spüren lassen, wie gut es ihm geht. Er spricht mit sich. Fragt seine Organe, was er Gutes für sie tun kann. Ist selbst sein Doktor im Unterbewusstsein und heilt tiefe Verletzungen der Vergangenheit. Das innere Wachstum zieht sich über Jahre hin. Je älter der Mensch wird, umso glücklicher und schöner erscheint ihm sein Leben. Er möchte nicht aufhören, davon zu träumen. Eines Tages entsteht daraus die Wirklichkeit, gedanklich ist sie schon vorprogrammiert.

Natürlichkeit ist es eine Tugend, die Gedanken nicht beherrschen. Sie wollen zwar funktionieren, doch nicht nach ihrer Wesensart, sondern nach ihren Zielen. Besessen von Machthunger und Begierde, bestimmen sie das Leben des Menschen. So schnell sind sie nicht klar zu kriegen. Sie kämpfen bis zum bitteren Ende. Sie reißen alle Blätter vom Baum ab, dieses Leben ist ihnen so egal. Freut sich der Mensch auf sein Zuhause, die eigenen Gedanken lassen ihn vor der Tür sitzen. Ob er friert oder schwitzt, ist ihnen gleich. Solange er gehorcht, kümmern sie sich auch um seine Bequemlichkeit. Er darf am Leben bleiben unter der Bedingung, zu funktionieren. Dem Eigensinn zu folgen, nicht zu widersprechen, stur und willenlos zu sein. Den Anforderungen des gedanklichen Lebens zu genügen, ohne sich zu widersetzen. Keine eigene Meinung zu haben und am Ego orientiert dem Leben hinterherzurennen. Kleinkariert zu denken und sich nicht aus der Vergangenheit gedanklich herauszubewegen. Eingebildet zu sein, stolz zu sein auf sein kopiertes Wissen und keinerlei Interesse an seiner eigenen inneren Entwicklung zu haben.

Ist der Mensch vollgestopft mit Gedanken, scheint er beschäftigt zu sein, und meint, das Glück gepachtet zu haben, auch wenn er wegen gedanklicher Überfütterung schreiend durch den Tag rennt. Ein einziger Gedanke kann ihm das Leben so schwer machen, dass er daran zerbricht. Auf die Häufigkeit seiner Ideen ist er so stolz, dass er eine nach der anderen gegen sich selbst anwendet. Seine Unzufriedenheit steigt von Tag zu Tag, weil er sie leben muss. Die Struktur seines Denkens verlangt es. Würde der Mensch sich mit einem seiner Gedanken auseinandersetzen, zöge er immer wieder den Kürzeren. Sie haben keine Angst vor ihm, sie sind zu machtvoll und zu bestimmend. Sie wissen um ihre Kurzlebigkeit, deshalb quälen sie den Menschen über Tage hinweg, um sich aufrechtzuerhalten. Es sind zu viele ihrer Art, die den Menschen bedrängen, deshalb kann er nicht in Balance leben. Er geht darin unter, der innere Druck, den sie erzeugen, ist zu groß. Der Mensch möchte ja gerne noch ein wenig weiterleben, und sei es nur in seinem Unglück.

Unausgereift und unverfroren behauptet der Mensch sich, um etwas darzustellen. Dabei kann er sich nicht einmal richtig ausdrücken, weil er die verkehrte Literatur liest. Woher will er wissen, was Leben bedeutet, wenn er kein Buch zur Hand nimmt, das es ihm zeigt und erklärt? Einzelne Gedanken, die seine Tage bestimmen, haben keine Ahnung davon, was das Leben wirklich zu sagen hat.

Gefühle dagegen sind nicht bestimmend, sie sind nur erfahrbar. Sie zeigen die Schönheit des Menschen auf, ohne gemein, aufsässig und lästig zu wirken. Ein fühlender Mensch ist ein verständnisvoller Mensch. Ihm fehlt es nicht an Bildung oder Wissen, er lebt sein Mitgefühl, was Verständnis beinhaltet. Er enteignet das Ego, fällt aus der Verkrampfung heraus, erkennt sein eigenes Gesicht und seine Gefühle. So baut der Mensch sich von innen heraus auf und hat alles das, was er braucht, um ein von Glück erfülltes Leben zu führen.

Geschwätzig sind nur die Menschen, die in Verachtung gegenüber sich selbst und ihrer Umgebung leben. Sie glauben, Anerkennung zu erhalten durch Verleumdungen und Niederträchtigkeiten. Kein Stück Leben ist darin zu sehen, alles wird gedanklich zertrampelt. Der Mensch kann sich nur selbst schützen, indem er seine Gedanken ignoriert. Jede Böswilligkeit erkennt und nur liebe Worte verschenkt. Liebe kann er erst geben, wenn er nicht mehr im Besitz seines sogenannten Gedankengutes ist. Wenn er alles verloren hat, was ihm nicht gehörte. Hat er sich gedanklich kleingekriegt, kann er aus dem Gefühl leben.

Sein Empfinden ist die Macht Gottes, die er in sich trägt. Ausgereift, lebensbejahend und unendlich liebend. Um frei zu sein, braucht er keinen Gedankenzaun um seinen Kopf herum. Jeder einzelne Gedanke hat sein eigenes Gefängnis. Vielen Kerkerjahre hat der Mensch hinter sich, kein Wunder, dass er blass und überfüttert durch sein Leben schleicht. Seine schweren Gedanken lassen einfach nicht mit sich reden.

Der Mensch sollte sich zurücklehnen und sich nicht um sein Leben kümmern. Er sollte seine Stärke in der Gelassenheit suchen, dort, wo sich das wirkliche Leben versteckt hält. Dort, wo es Zeit hat, sich finden zu lassen, wo es gebraucht wird und sich nicht verschwendet. Der Tag hat nicht nur Stunden, die aus gedanklicher Arbeit bestehen, er besitzt auch Stunden der Stille. Er kann ihr zuhören, sie ist achtsam und schweigsam. Sie gibt dem Leben das, was es sich aussucht. Die Liebe besitzt alle Macht und Kraft, doch sie muss erst geboren werden, aus dem Verstehen heraus. Es fällt dem Menschen noch schwer, sich entspannt zu zeigen. Sich so zurückzunehmen, dass er vorwärts gehen kann.

Das menschliche Leben besteht aus Empfindungen. Der Mensch glaubt es nicht, weil er sich nur denkend kennt und gefühllos lebt. Er gibt sich Illusionen hin, die mit ihm nichts zu tun haben. Sie machen ihn klein und reißen ihn in Stücke, damit er wie eine Denkmaschine leben kann. Würde er sein Leben aus dem Gefühl erschaffen, bräuchte er nicht darüber nachzudenken, bräuchte er keinen Rechtsanwalt und auch keinen Notar. Dies alles begrenzt nur sein Leben und macht es zunichte. Er kann nicht alt werden, weil er sich seine Krankheiten selbst einredet. Von Freiheit hat er noch nie etwas gehört, er kann nur dieses Wort schreiben. Das Gedankenlose, welches diese Freiheit bedeutet, kann sein Verstehen nicht einordnen.

Der Baum, den er sieht, ist immer voller Blätter und im Winter kahl. Dabei hängen diese DREI BLATT das ganze Jahr über daran, doch sein Denken kann sie nicht sehen.

Egal wo der Mensch hingeht, er wird es nie ohne sein Denken tun, damit er glauben kann, dass er lebt. Es ist sein Denken, das den Menschen krank macht – und nicht das Leben!

Am schwersten ist es, zu lernen, mit sich selbst umzugehen. Das sind die schwierigsten Lektionen, die das Leben bereithält. Sich gleich und unmittelbar mit jemandem auseinanderzusetzen, den man meint, nicht zu kennen, und der einem doch so nahe steht. Was kann schlimmer sein, als unwirklich gelebt zu haben? Nur von Depressionen und Allergien umgeben, der Sinn des eigenen Lebens ist darin verloren gegangen? Lebensaufgaben haben es nun mal in sich. Man kann sie nicht damit abtun, sie später mal anzugehen. Das flüstern einem nur die Ängste ein, und man glaubt es. Die eigene Standfestigkeit geht dadurch verloren. Gehetzt zu sein, Tag und Nacht, daraus kann sich kein gesundes Sein entwickeln.

Gedanklich gelassen zu erscheinen, heißt noch lange nicht, dass man sich lebt. Phasen der Fremdbestimmung entstehen immer wieder, das zu erkennen und zu ignorieren, ist die Lernaufgabe des Menschen. So hält man sich fern davon und bleibt gesund. Aussteigen aus einem Zug, der keine Bremsen hat, ist immer schwierig. Das Leben fährt manchmal so schnell dahin, man erschreckt immer wieder darüber, wenn der Abreißkalender den letzten Tag des Jahres anzeigt. Man hat es gar nicht wahrgenommen, so schnell ging es vorbei, hat nichts gesehen und keinen Augenblick gelebt.

Da beginnt man sich zu fragen, wie so viele Tage so schnell vergehen konnten, ohne dass man nur einen einzigen empfunden hat. Der Mensch hält sich in einer Bedeutungslosigkeit auf, die ihm nicht erklärbar scheint. Die Zeit ist dagewesen, doch man fühlte sich nicht darin. Man will nicht glauben, dass der Totenschein schon ausgeschrieben ist, bevor man angefangen hat, richtig zu leben. Die eigenen Wege bleiben manchmal im Verborgenen, weil man sie einfach nicht gehen will.

Alles braucht seine Entwicklungszeit, auch die Bewusstheit. Sich unter einen Baum zu legen und in der Sonne zu träumen, die Wärme auf der Haut zu spüren, ist der Beginn. Wenn man die Augen öffnet, kommt ein Gefühl von falschem Leben auf. Da fallen die gedanklichen Schatten so groß hinein, und einen Weg heraus zu finden, scheint vielleicht aussichtslos. Wenn sich das gedankliche Suchen nach Sinn nicht erhellt, wird man blind bleiben in seinem Leben. Die Tage erscheinen einem kürzer, als sie in Wirklichkeit sind. Sie werden so vom Denken überschattet, dass sie keine Möglichkeit erhalten, sich ganz zu zeigen. Ein klein wenig Achtsamkeit kann schon helfen, stabil zu bleiben. Begegnet man sich, begegnet man dem Leben.

Erkennt man sich im gedanklichen Auf-das-Leben-Schauen, kann man etwas verändern, wenn man es will. Die Vielzahl der eigenen Gedanken auf ein Minimum zu reduzieren und durch Gefühle zu ersetzen, ist eine gewaltige Herausforderung, der man sich stellt. Gefühle kann man nicht erdenken oder umdrehen, sie geschehen einfach. Man braucht nur aus dem großen Denken ein kleines Denken zu machen, und schon empfindet man etwas. Entweder dies oder das, beides zusammen geht nicht. Man kann nicht erst zu Ende denken und dann auf die Gefühlsebene überwechseln. Das funktioniert nicht. Dem Denken die Luft zum Atmen zu nehmen, wird ein Stück harte Arbeit sein. Zu schaffen ist es, auf jeden Fall. Die Zeit, die der Mensch sich dafür gibt, spielt eine große Rolle dabei. Nimmt er sie sich, oder vertut er sie mit unwichtigen Dingen und Erledigungen?

An dieser Stelle muss der Mensch klare Entscheidungen treffen: Will er, oder will er nicht? Es ist nicht das Leben, das fragt, wie lange der Mensch leben darf. Der Mensch ist es, der sich nur eine gewisse Lebenszeit gedanklich auf dieser Erde einräumt. Sein unbewegliches Denken ist eine Uhr, die in ihm tickt. Zieht er sie täglich wieder auf, oder lässt er sie auslaufen? Jeder Mensch muss für sich allein diese Frage beantworten. Glücklich sein oder nicht, lieben oder nicht lieben?

Habe Geduld mit dir selbst, die Zeit heilt alle Wunden, sagt man. Der Mensch ist in der Lage, alles zu heilen, woran er krankt. Er besitzt Fähigkeiten, die über das Gedankliche hinausgehen. Sein Wille kann Berge versetzen. Wenn er will, kann er mit sich selbst ins Reine kommen, bis in den tiefsten Grund hinein. Schafft es der Mensch, aus seinem Gedankenschnee herauszufinden, besteht die Möglichkeit, den Weg der Selbstheilung zu gehen. Es gelingt schneller, als man glaubt. Die Selbstliebe spielt dabei eine wesentliche Rolle.

Heilung geschieht, wenn man ihr den Weg dafür frei macht. Hat man einmal herausgefunden, wie es geht, sollte man dabei bleiben. Der Körper lernt schnell, wenn man ihm nur eine Chance gibt. Ist er erst einmal ausgeruht und entspannt, tut er alles dafür, es auch zu bleiben. Und diese Gelegenheit muss der Mensch nutzen, um sich zu regenerieren. Später lacht man vielleicht darüber, wie leicht es geht, einen Deal mit sich selbst zu machen. Der Körper freut sich über jede Entlastung, nur das Ego gönnt ihm nicht dieses Wohlgefühl. Weil der Mensch mit zu vielem anstrengendem Denken nicht zurechtkommt, erfährt der eigene Körper oftmals großes Leid. Wenn das Denken nicht so egoistisch und störrisch wäre, gäbe es eine gesündere Verständigung zwischen Körper, Geist und Seele. Die vom Menschen selbst erschaffene Kompliziertheit der Kommunikation zwischen ihnen macht aber die Tage so unerträglich.

Reagiert der Mensch erst aus der Not heraus, ist das Kind eben schon in dem Brunnen gefallen. Diese überlieferte Weisheit ist von größter Bedeutung. Die ersten Signale, die der Körper bei beginnenden Krankheiten aussendet, nennt man Symptome, sie sollten gehört und nicht überhört werden. Heilung beginnt nämlich mit dem Verstehen, wenn das Herz durch den Körper spricht. Das Klagen zeigt an, dass etwas nicht stimmt. Warum geht der Mensch dann darüber hinweg?

Der Mensch selbst erschafft die Qualität seines Lebens, und nicht die anderen. Gestaltet er es hemmungslos und frei, ungeachtet der Meinungen anderer, bleibt er gesund. Alles andere sind Zwänge, die man selbst zulässt, sie zu erkennen und abzustellen oder zu ignorieren, heißt fremde Meinungen nicht zu eigenen werden zu lassen. Sie sind keine Hilfen, im Gegenteil, sie erschweren das eigene Leben bloß. Jeder Mensch kann nur für sich allein entscheiden, es kommt nur auf sein Empfinden an, ob er sein Leben für den richtigen Weg hält. Es muss Entscheidungen und Veränderungen geben. Wenn nicht jetzt, wann dann? Je eher man anfängt einer kleinen Veränderung stattzugeben, desto eher kann man sich größeren anstehenden Dingen widmen. Ist der Anfang erst einmal gemacht, ist es ein Leichtes, weiterzugehen. Eins baut aufs andere auf, und das Schöne daran ist, es gibt kein Ende. Hat man das erkannt, macht das Leben richtig Spaß.

Es ist der Mensch, der immer denkt, er sei etwas Besonderes. Mag schon sein, dann soll er bewusst für sich sorgen und nicht immer selbstvergessen herumhantieren. Mensch sein heißt Leidenschaft, heißt selbst etwas Egoismus zeigen. Die anderen sind wichtig, aber nicht so wichtig wie er selbst. Erschaffe ich erst mal mehr Platz in mir, habe ich auch im Außen mehr Bewegungsmöglichkeiten.

> **Wie innen, so außen.**
> **Liebst du dich, liebst du alles und alle.**

Ohne Liebe geht das Leben keinen Schritt vorwärts, also beginne mit der Selbstliebe! Sie erzählt und lehrt dich, immer mehr das Lieben. Sie hat Erfahrung darin und weiß, wie alles geht. Nur zuhören und hineinfallen lassen, mehr brauchst du nicht. Der Rest kommt von allein, weil er sowieso geschieht. Die Liebe kommt immer im Kombi-Paket an, und bringt alles mit, was dazugehört. Du brauchst dir keinen Kopf zu machen, wie du mit der Liebe umzugehen hast. Liebe geschieht aus dem Nichts heraus, erst dann kann sie gedeihen. Daraus kann sich Glück und Zufriedenheit entwickeln, diese beiden erschaffen noch mehr Liebe, als du ertragen kannst. Kaum vorstellbar, aber so kommt das Glücklich sein nie zu einem Ende. Eine Liebe, die ewig währt, hält dich stabil und gesund. Du kannst auf die Liebe nicht verzichten, sie ist Bestandteil des ewigen Lebens. Alles geht weiter, auch wenn du glaubst, es hat ein Ende. Es ist alles von ewigem Bestand, wenn es außerhalb des Denkens geschieht.

Wenn auch jeder Baum drei Jahreszeiten lang voller Blätter hängt, sind es nur DREI BLATT, die von großer Wichtigkeit sind. Sie hängen das ganze Jahr über daran, man muss sie nur sehen. Und jedes Blatt trägt einen Namen, seinen Namen. Das erste Blatt heißt ICH. Das zweite Blatt heißt LIEBE. Das dritte Blatt heißt »MICH«.

»ICH LIEBE MICH!«

Das ist der Vers der DREI BLATT, den sie mir und dir erzählen. Aus der unendlichen Wiederholung dieser Worte lernen wir unser Leben wirklich kennen. Die Liebe entspringt dem Gedankenlosen, der Monotonie, sie erzählt uns alles. Wir sind gedanklich aus dem Denken herausgelöst und erfahren nun die ganze Wahrheit über uns selbst. Es offenbart sich eine Weisheit, die noch verstanden werden muss. Es sind die Erfahrungen, die der Mensch in sich trägt, die er jetzt gezeigt bekommt. Unaufgefordert erscheinen sie, ohne Anstrengung und ohne einen einzigen Gedanken. Das Denken hat sich herausgenommen. Es ist nicht mehr anwesend, weil der Geist etwas zu sagen hat. Und so entsteht immer mehr innere Freiheit, was natürlich das Zurücknehmen des Viel-Redens einschließt. Ein ruhender Geist kann aus der Kreativität voll schöpfen. Ungehemmt, ungezwungen und frei erschaffend – so, wie der Mensch geboren wurde.

Streite nicht mit deiner Liebe, auch wenn sich innere Unzufriedenheit zeigt. Du willst doch nicht, dass sie dich wieder verlässt? Halte den Glauben an dich und an sie aufrecht. Verleugnest du dich, hast du sie verloren. Sie mag keine Irrläufer. Sie wünscht sich Klarheit, Verständnis, Einsicht und ein liebes Miteinander-Umgehen. Nutze ihre Gutmütigkeit nicht aus, um dich selbst zu betrügen. Du warst noch nie so glücklich wie mit ihr, also zweifle nicht an euch! Wer immer ehrlich zu sich selbst ist, die Wahrheit sagt und Gott vertraut, wird ein Leben lang ein Liebender bleiben. Vertraust du dir, vertraust du Gott, und somit bist du von Liebe erfüllt.

Am meisten leiden die Menschen in Beziehungen, wobei sie glauben, dass immer nur das Außen sie krankmacht. Sie halten sich an etwas fest, das sie in die Irre führt. Sie können nicht alleine sein, deshalb leiden sie lieber, als dass sie sich selbst finden. Sie kämpfen den Kampf ihres Lebens und verlieren ihn doch am Ende.

Warum denkt der Mensch immer nach, um Lösungen zu finden, wo es doch kein Denken braucht? Meistens ist die Situation schon die Lösung. Um das zu verstehen, fehlt dem Menschen der Überblick. Einfache Erklärungen sind für ihn zu unverständlich, nämlich dass das, was sich gerade ereignet, geschehen muss, damit er vorwärtskommt in seiner Erkenntnisreihe. Es wird ihm immer nur das angeboten, was er an Erfahrung dringend benötigt, um sein Leben zu begreifen. Mit Kleinigkeiten geht es los, aus denen man keinen gedanklichen Elefanten machen sollte. Meinungsverschiedenheiten sind die typischen Grundmuster jeder Beziehung. Warum sie jetzt sofort ausfechten? Gib dir etwas Raum: erst hineinfühlen, statt alles zu zerdenken und Lösungen zu erzwingen. Lieber abwarten, was sich ergibt. Ich weiß, das sind alles kluge Worte, doch in der Zeitspanne von zehn Minuten zu schweigen, kann eine Situation plötzlich total verändern.

Gedanken erschaffen immer wieder neue Gedanken. Es könnte auch ein Hoffnungsgedanke dabei sein, der die ganze Lage entspannt. Man sollte in Ruhe und in Stille abwarten, was sich aufzeigt im Gedankengedränge. Käme man auf die Idee, leise Blätter zu zählen, würde die andere Person regelrecht auf ein Wortgefecht warten müssen. Irgendwo muss doch die Unzufriedenheit hin! Man kann diese nur loswerden in einem Streitgespräch, wenn man unbedingt will, dass sich kein innerer Frieden einstellt. Gedanklich herauszutreten, um die Situation zu entspannen, ist nur mit Ruhe zu schaffen. Das viele Grübeln kann durch weniger Nachdenken ersetzt werden. Aus zehn Gedanken kann man einen machen. Ich-will-unbedingt kann man durch Geschehen-Lassen ersetzen. Ich weiß, es ist einfacher gesagt als getan.

Je mehr der Mensch zu wissen glaubt, umso mehr redet er. Aber echtes Verstehen liegt im Schweigen. Viel zu selten denkt der Mensch an die DREI BLATT, die ihm vom Universum geschenkt worden sind. Das Denken ist da sehr eitel, es nimmt nicht alles, was ihm angeboten wird. Dabei ist es die Einfachheit, die man ihm gibt. Der Mensch sollte verständnisvoller mit sich selbst und dem Geschehen sein. In der Vergangenheit verharrend, findet er keine Lösungen, die ihn weiterbringen.

Studierst du die DREI BLATT, hast du das Anstrengendste aus der Streitsituation schon entfernt. Das gelassene Zählen ist der Entspannungsfaktor. Oft entspannen sich Situationen auch durch Schlaf oder schon beim Zu-Bett-Gehen. Lass der Sache die Zeit, die sie braucht, um sich zu klären, um sich zu ordnen. Es hilft, zurück auf null zu fahren, um wieder geradeaus schauen zu können. Ohne zu zweifeln, ohne angestrengt zu sein, ohne etwas zu tun.

Wortgefechte sind Kettenreaktionen, auf die der Mensch allergisch reagiert. Es muss eine Lösung her, auch wenn rational keine in Sicht ist. Beim Streiten wird so lange gefochten, bis die Tränen fließen oder die Koffer gepackt werden. Entscheidungsdruck verschärft die Situation nur noch. Die Normalität wäre: Kein Mensch darf etwas vom anderen verlangen, keiner ist das Eigentum des anderen. Entweder es passt, oder man will nicht mehr. Langes Tauziehen, was bringt das? Irgendwann zerreißt der Strick.

Oft ist es die eigene Sturheit, das Sich-nicht-verändern-Wollen, die einen aus diesem Gedankenkarussell nicht wieder herausfinden lässt. Das Leben verändert sich mit jeder Minute, warum fällt es dem Menschen so schwer, mit dem Wandel mitzufließen? Das Ansammeln widerspenstiger Gedanken führt doch nur dazu, dass es jedes Mal eskaliert. Die Bedeutung jeder Sache liegt in der Bedeutungslosigkeit. Die ist eine große Herausforderung für das Denken. Oftmals will es das nicht verstehen, weil es meint, damit nicht weiterzukommen.

Nimmt man sich der drei Blätter an, umarmt man sich mit beiden Händen. In den DREI BLATT ist alles enthalten, was man wissen, erfahren und erkennen muss, um glücklich zu sein. Die DREI BLATT führen den Menschen zu jedem Punkt im Leben, den er verändern muss. Sie zeigen Lösungen und Wege auf, die er gehen kann. Er muss also gar nicht denken. Verständlich werden die Lösungen aber erst, wenn er sich mittendrin befindet. Wege tun sich erst auf im Gehen, das haben sie so an sich. Lieber heute losgehen, als sich auf morgen vertrösten. Die schönen Tage, die man verpasst, sind Lebenszeit, die man nicht wieder zurückholen kann.

Gehe gedanklich nicht weg, bleibe in der Stille bei dir, das ist deine Chance auf Liebe. Du solltest keine Angst davor haben, dir selbst zu begegnen. Dein Leben kann nur entspannter und glücklicher werden, mehr kommt dabei nicht heraus. Um das Leben und die Liebe auszukosten, musst du dir gedankliche Freiheit schaffen. Einen Weg finden, dich durch die Gedankengänge hindurchzuschlagen, hin zum Nichtdenken. Allen Wert eintauschen und ihn wertlos machen, ihn regelrecht gedanklich vernichten. Erst wenn du gedanklich besitzlos bist, endet alle Unzufriedenheit. Besitzt du nichts, hast du alles! Einfacher geht es nun wirklich nicht.

Man denkt, ein Menschenleben ist kurz, doch achtzig bis hundert Jahre sind eine lange Lebensspanne, und diese will ausgekostet sein. Seinen Gefühlen immer wieder aufs Neue zu begegnen, ist der richtige Weg. Allein schon die Tugenden sind es wert, erkundet zu werden. Jede neue Lebensspur ist ein Weg zum Erfolg. Bleiben die Gefühle im Menschen erhalten, kann sein Leben nur noch schöner werden durch fühlende Erkenntnis. Ist er reich an Erfahrungen, offenbart sich sein Lebensglück. Sich gegenseitig das Leben verständlich zu machen, ist eine schöne Methode, um tiefer miteinander in Beziehung zu sein. Selbsterkenntnis und Selbstverständnis sind die Weisheit, der man gemeinsam begegnen sollte. So intensiv hat man Beziehung noch nie geliebt.

Beginnt man die eigene Zufriedenheit zu leben, hat man die Chance, der Liebe zu begegnen. Zufriedene Menschen sind dem Glück immer ein Stück näher. Wer die Ruhe im eigenen Körper findet, schenkt auch der Welt ein Stück Zufriedenheit. Somit können die drei Blätter noch wachsen, die am Anfang noch klein sind. Je mehr Ruhe und Stille der Mensch erfährt, desto mehr können sie die DREI BLATT ausbreiten im Körper. Wie ein grüner Teppich, auf den sich das Herz und die Seele legen können, umgeben von den Blumen der Liebe, die in der Gedankenlosigkeit wachsen. Dann besteht sein Leben nur noch aus Freude und Glück.

Nimm dich mit in dein Leben und lass dich nicht von einer Sucht ausbremsen. Hast du sie erfahren, belasse es dabei! Süchte sind nur eine Randerscheinung im Leben, irgendwann müssen sie enden. Fühle in dich hinein, um zu erforschen, womit es dir besser geht. Ich glaube, du wirst dich für dein Leben entscheiden. Wende dich ab von dem, was dich bedrängt, es verlangt bloß nach noch mehr Befriedigung. Die Liebe weiß, wie das höchste Glück zu erfahren ist. Gib ihr Raum, sich zu entfalten!

Sucht-Zufriedenheit ist eine Illusion, die man sich gedanklich erschaffen hat. Man fühlt sich gut bis zum nächsten Kick, und somit tritt man im Leben auf der Stelle. Veränderungen geschehen im Loslassen, in der unentwegten Neuerfahrung. Wie kann man zufrieden sein, wenn man sich nicht verändern will? Es ist ein versteckter Trugschluss, der Angst vor Herausforderungen nachgeben zu müssen. Das eigene Leben anzunehmen heißt, sich jeder Herausforderung zu stellen, und das endet nie. Kommt Stille in die Gedankengänge, trifft man Entscheidungen, die für einen selbst gut sind. Jedes menschliche Vorankommen lebt davon.

Ist dieser Bewusstseinszustand erreicht, verhindert man die Entstehung neuer Blockaden. Jedes Erkennen bringt etwas Positives mit sich. Durch das Erkennen werden Lösungen angesteuert, die aus Erfahrungen heraus entstehen. Es gibt in Wahrheit gar keine Ängste oder Lügen! Diese kann der Mensch in sich selbst entkräften, indem er das Ego als eine bloße Erfahrung ansieht. So kann er seine Denkperspektive ins Gegensätzliche drehen und aus dem Blickwinkel des Fühlens argumentieren. Was sich dann offenbart, sind Wege der Richtigkeit. Was ohne das Denken geschieht, kann bedenkenlos getan werden. Die DREI BLATT geben ihre Zustimmung, denn sie schaffen es, den Menschen zu inspirieren.

Wie ein guter Discjockey kennt der Mensch die Melodie seines Daseins, in dem er sich lebt. Jeder Ton ist ein Klang der Lebensmelodie.

Er schlägt sie an mit jedem Wort, das er spricht. Jede Silbe, die seinem Mund entweicht, hat etwas Besonderes an sich. Hat mit seiner Lebenserfahrung und seinen Erkenntnissen zu tun. Je melodischer es klingt, umso erfüllter fühlt sich das eigene Leben an. Ausgereift, verständlich und erfrischend, über Jahre hinweg. Unverkennbar ist der eigene Lebensstrom. Wie auch immer er zustande kommt, er ist ein Ausdruck der Zufriedenheit, der das Leben durchfließt. Ob es die Stimme, der Blick oder die Gesten sind, alles hat Anteil daran. Vor allem die Worte sind es, die bewusst gewählt werden müssen.

Tiefe und Resonanz sind ausschlaggebend für den richtigen Ton. Klingt er weich und angenehm, oder ist er hart und streng? Nicht jede Melodie hat einen lauten Ausdruck, es kommt auf die Stimmung an. Sanfte und hohe Töne klingen leichter als tiefe und schwere. Unbewusst gibt der Mensch von sich, was er selbst in sich fühlt. Was er bereits in sich erschaffen hat, ohne zu wissen, dass er das tat. Er gibt es einfach von sich, in der Hoffnung, angenommen und anerkannt zu wirken. Was auch immer es ist, der da aus ihm spricht, er wird es erkennen in der Reaktion der anderen. Jede Sprache hat Rhythmus, Tempo und Tonart. Es ist der Mensch selbst, der sich darin abbildet: von sich eingenommen, bestimmend oder offen in den Erklärungen. Wie weit der Mensch geht mit seinem Reden, hängt immer von seinem Bewusstsein ab, also davon, wie er sich versteht. Ist er intensiv mit sich beschäftigt oder gibt er nur das weiter, was er in der Zeitung gelesen hat? Worte werden so gesprochen, wie sie von innen heraus erfahren werden. Wie sie der Geist der Stimme übergibt, damit sie daraus einen Zustand des eigenen Verstehens macht. Damit sie nur das anzeigt, was gerade jetzt im Leben des Menschen pulsiert. Sein Befinden und Zustand wird dadurch offenbar. Je mehr sich der Mensch versteht, desto friedvoller klingen seine Worte.

Der Mensch kann nur das aussagen, was er selbst ist und denkt, auch wenn er über andere spricht. Sie sind sein Spiegelbild, und oft bemerkt der Mensch nicht, wie weit und tief er sich erklärt. Wer die Sprache deuten kann, erkennt, was für eine Person dahintersteckt. Jedes Wort, das ich rede, oder jede Geschichte, die ich mir erdenke, bin ich selbst.

In allem Reden schwingen Anteile von mir mit, in der Unkenntlichkeit versteckt. Man kann an der Sprache und den gesprochenen Worten der anderen ablesen, welche Wesenszüge sich dahinter verbergen. Welche geheimen Wünsche und Vorstellungen sie in ihrem Leben hegen oder sogar schon leben. Unbewusst erzählt man über seine Eigenarten, die doch unerkannt bleiben sollten. Guten Zuhörern verrät man mehr über sich, als man gewillt ist, von sich preiszugeben. Man versteht sich ja selbst nicht. Ob es die Körpersprache ist, die einen Eindruck davon vermittelt, oder die Kleidung, die etwas betont oder verschleiern soll – der Mensch selbst ist immer mit daran beteiligt, dass sein Leben sich anderen zeigt.

Nicht jede Freundlichkeit ist offen, sie wird meist nur benutzt, um zu gefallen. Ein freundlicher Mensch wirkt verständnisvoll, seine Mimik und das Lachen in den Augen sind Ausdruck seiner Ehrlichkeit. Oft sind es aber Unsicherheiten und Ängste, die er mit einem aufgesetzten Lächeln verdecken will. Auch die Lautstärke ist es, die Aufmerksamkeit und Beachtung einfordert. Dabei führt leises und gesetztes Sprechen den Menschen zu mehr Nähe. Man braucht sich nicht zu zieren oder sich hinter Worten zu verstecken. In Offenheit findet viel mehr Begegnung statt.

Die DREI BLATT haben noch nie gelogen, egal wie sie der Lebenswind hin und her dreht. Sie sprechen immer die Wahrheit, auch wenn man sie nicht gerne hören möchte. Lieber jetzt als später, da kann man bequemer noch etwas verändern. Die Körpersprache im Alter wird immer unflexibler und ist schwerer zu entriegeln als in jungen Jahren. Der alte Mensch verliert auch eher die Balance, weil er sich über Jahrzehnte mit zu vielen Unwahrheiten belastet hat. Es ist das zu späte Fühlen, was seine wahre Lebenssituation enttarnt und keine Lügen mehr gelten lässt. Wenn er dann verstanden hat, dass Traurigkeit und Unzufriedenheit im Leben gar nichts zu suchen haben, schaut er in seine lange Vergangenheit und fühlt sich nachträglich getrennt von seinen Gefühlen. Sie waren da, aber er hat sie nicht bemerkt. Die Gefühllosigkeit hat seine Gesundheit geschädigt und sein ganzes Körpersystem instabil gemacht.

Das Geheimnis der DREI BLATT ist so phänomenal, das der alt gewordene Mensch erst gar nicht daran glauben kann. Er wird so tief in sich hineingeführt, dass alle vorher geglaubte Wirklichkeit verschwindet. Sie löst sich nach und nach regelrecht auf, bis stattdessen nur noch ein heller Schein übrigbleibt. Die Wirkungsweise und die Kraft der DREI BLATT sind so bestimmend, dass sich mit einem Mal sein ganzes Weltbild dreht. Er gerät in eine Unsicherheitszone hinein, die er so nicht gekannt hat. Er erfährt die Wirklichkeit hinter der Wirklichkeit, jetzt wo sein Leben hinter ihm liegt. Sie breitet sich vor ihm aus wie ein Teppich, auf dem er wie auf weichen Federn gebettet liegt. Er spürt plötzlich die Gegenseite des Denkens, er verliert sich immer mehr in die Stille hinein. Je offener und weiter der Blickwinkel ist, umso heller erscheinen die DREI BLATT.

Ungeachtet des einzigen Musters, das dieses Zählen der DREI BLATT mit sich bringt, nämlich die neue Gewohnheit, still zu sein, entsteht ein enormer Aufwand, die Dinge des eigenen Lebens zu sichten. Der alte Mensch hat extrem viel Negativität aufgehäuft im langen Leben, doch wenn er sich dieser Tatsache stellt, erscheinen die Dinge mit der Zeit immer kleiner, weil sie mit der abnehmenden Dimension seiner Gedanken einfach in der Erinnerung schrumpfen. Zum Schluss bleibt nichts mehr übrig, weil die Stille alles Denken aufgezehrt hat. Sie wird plötzlich so mächtig, dass sie sein Leben verändert, dann kann er sich friedlich verabschieden. Für Momente findet er sich im gedanklichen Schweigen wieder, während er nur die DREI BLATT zählt. Mehr braucht er nicht.

In dem Glauben, bloß zu zählen, geht er auf eine Reise mit ihnen. Der Mensch sitzt meditativ auf den DREI BLATT und durchwandelt innerlich sein Leben. Schaut alles Gewesene an und verabschiedet sich davon. Er folgt der gedanklichen Monotonie und die Vergangenheit darf in das Vergessen, in das Loslassen übertreten. Die DREI BLATT werden immer größer, sodass sie alles Gedankliche aus dem Blickfeld wegrücken. Das Monotone macht den Kopf regelrecht leer davon. Es ist die Stille nach der Reinigung der Gedanken, nach dem Frühjahrsputz des alteingesessenen und verstaubten Denkens, bei dem alles entstaubt wurde. Über einen längeren Zeitraum hinweg wurden alle Gedankenräume so gründlich aufgeräumt, dass nichts mehr übrig blieb.

Natürlich dauert das Aufräumen sehr lange, und das muss ausgehalten werden. Es scheint, aus intensiver Arbeit wird unendliche Arbeit. Bis zu einem gewissen Punkt steigert sich die ganze Sache, bis unerwartet die Situation kippt. Doch ehe das geschieht, hat man Monate, vielleicht auch schon Jahre damit verbracht, immer wieder die Blattzählung zu vollziehen. Sie verwandelt plötzlich immer weniger werdende ruhelose Denken in ein fühlendes Verfahren um, das sich mit der Stille auseinandersetzt. Welches ganz leise, fast unmerklich zu jedem Tag, zum ganzen verbleibenden Leben gehört – wie das Essen und Schlafen.

Sobald die Gedanken sich selbst aufgegeben haben, weil es nichts mehr zu denken gibt, zerfallen sie letztlich. Daher: Zähle immer nur diese DREI BLATT, das ist keine Herausforderung mehr für dich. Dieses unentwegt gleichmäßige und rhythmische Abzählen entzieht deinen Gedanken den Nährboden, sie können sich nicht mehr festigen, verdoppeln und verdreifachen. Ihr Scheitern zerbricht das Ego-System, auf diese Weise gelangst du in einen Zustand der Stille, der auch als »Jetzt« bezeichnet wird. Darin ist nicht ein einziger Gedankengang enthalten, alles ist nur eine Erscheinung des Moments und fühlt sich auch so an.

Diese mentale Umschaltung musste ich selbst erst einmal verstehen. Die ersten Tage kam es mir so vor, als ob mein Denken verloren ginge. Ich fühlte die Absicht in meinem Herzen, an meinem Dauerdenken etwas zu verändern. Doch ob, wie und wann es geschähe, davon hatte ich keine Ahnung. Ich wusste nur, dass es die Veränderung war, die alles veränderte. Ich stand ganz unerwartet ohne mein gewohntes Denken da. Mühevoll suchte ich in meinem Kopf nach Gedankenfetzen, doch nicht einmal die vom Vortag waren noch da. Ich musste mich ganz neu auf mich einstellen. Brauchte zwischen der Vergangenheit und der Zukunft gedanklich nicht mehr hin und her zu springen. Beides gab es nicht mehr in meinem Kopf, Gestern und Morgen waren mir irgendwie verloren gegangen. Die DREI BLATT hatten beides aus mir herausgezogen und stattdessen Selbstliebe hineingetan.

| Dieser Moment, das bin ich!

Weil ich nur in diesem Moment existiere, ist er von größter Wichtigkeit. Allein schon durch dieses bewusste Stück Sein gewann mein eigenes Leben an Sinnhaftigkeit. Nicht ein einziger Moment konnte gedanklich ersetzt werden, alles Bedeutungsvolle war verloren. Aus der Vergangenheit zog ich Erkenntnisse, doch die hatten mit dem Gewesenen nichts mehr zu tun. Der nächste Schritt war das Vorwärtskommen und nicht der Blick zurück.

Der Moment ist erlebbar in seiner ganzen Tiefe und Größe, und daraus bleiben Erfahrungen zurück, die dem nächsten Moment die Kraft verleihen, selbst bedeutungsvoll zu sein, bis er wieder vorbei ist. Menschen gehen aber durch ihr eigenes Leben, als schauten sie einen Film an, der unentwegt läuft, während sie sich darin bewegen, wie Schauspieler. Im Film ihres eigenen Lebens ist die Hauptrolle mit ihnen besetzt.

| Du bist die Hauptperson in deinem Leben.

Die Liebe und der Mensch darin, das ist es, wonach die Menschheit sucht. Es ist ein Kraftakt, sich darin zurechtzufinden, denn die Liebe existiert unbestimmt und losgelöst von allem. Auch der Mensch könnte sich so fühlen, wenn er sich nicht überall immer alles erklären wollte. Das viele gedankliche Kontrollieren bedeutet ihm mehr, als in der Liebe nichts zu wissen. Herauszutreten aus dem Denken und seiner Tyrannei, ist der Weg, ein Liebesleben zu haben. So, wie es Gott erfuhr, weil er Gott ist.

Rede mit deiner Liebe! Frage sie, was sie braucht, um sich dir in ihrer Fülle zu zeigen. Es gibt tausend Gründe, sich nicht zu mögen, aber nur einen, um »Ja!« zur Liebe zu sagen. Wer kein Wenn und Aber in sich trägt, darf frei leben. Wo will das Glück andocken, wenn es nur auf Probleme stößt? Andererseits, wo will das Denken sich einhaken, wenn es keine Probleme gibt?

Um diese Entscheidung leichter treffen zu können, vertraut man sein Denken am besten immer wieder der DREI BLATT-Zählung an. Man erfährt, was das Leben von innen heraus mitzuteilen hat, ohne lange betteln zu müssen. Achtsamkeit und Zufriedenheit sind da, sie machen den Menschen glücklich. Er wird in sich keine Ruhe finden, bis er nicht die Reset-Taste drückt.

Ich hatte als Kind zu wenig Zuwendung erfahren. Meine Gefühle hatten sich nicht entfalten können, weder Glück noch Liebe hatte ich gefunden. Was man in jungen Jahren nicht erfahren und erlebt hat, kann man im Erwachsenenalter nicht weitergeben. So funktionierte keine meiner Beziehungen, sie gingen alle nach Jahren in die Brüche. Liebe, Aufmerksamkeit und Zuwendung sind die wichtigsten Dinge für Kinder. Fehlt das alles, werden sie ein Leben lang danach suchen, sie aber selten finden, es sei denn, sie beginnen, sich selbst zu lieben.

Später waren meine Sorgen und Ängste so groß, dass ich das Wesentliche aus den Augen verlor. Ich stand vollgepackt mit Gedanken, aber leer im Herzen da und wandelte angepasst durch mein Erwachsenenleben, ohne links und rechts anzuecken und mich so gut es ging ausbalancierend. Das war schon alles, was mich erwartete. Die Zählung der DREI BLATT führte mich zurück, ich erkannte, dass ich mich selbst nicht achtete, geschweige denn kannte. Ich musste zuerst eine Zuwendung entwickeln, die mir selbst galt. Ich nahm diese Herausforderung an, in Liebe zu leben, und machte die Erfahrung des Glücklichseins. Mehr gab es nicht zu tun.

Ich stellte rückblickend fest, dass ich mich selbst im eigenen Leben vergessen hatte. Meine Planungen fanden bloß im Rahmen des Denkens statt, daraus konnte keine neue Schöpfung entstehen. Erst als meine eigenen Gefühle zum Vorschein kamen, erkannte ich mein Fehlen. In diesem DREI BLATT war es versteckt, in ihnen konnte ich es zum ersten Mal verstehen. Ich erhielt Klarheit darüber, wie das Leben funktioniert und was es von mir will, ohne dass ein eigener oder fremder

Gedanke etwas dazu beigetragen hatte. Das Ego war nicht länger der Bestimmer.

Der Mensch kann sich in seinem Leben nur fortbewegen, wenn er seinen Kopf so benutzt, wie es vorgesehen ist. Es sind die Augen und die Ohren, die eine Rolle dabei spielen. Das richtige Hören auf die Zwischentöne, die das Leben spielt, darauf kommt es an. Man sollte das, was man sieht und hört, für sich nutzen und behalten. Das Leben hat sich für den Menschen entschieden und ist in der Hoffnung, dass der Mensch sich auch für das Leben entscheidet.

Die Lieblosigkeit ist der größte Krankheitsherd, den der Mensch in sich trägt, jedes Körperorgan leidet darunter. Deshalb stehen die Einfallstore für Bakterien und Viren im Menschen so weit offen. Mit Leichtigkeit können schädigende Kulturen eindringen. Die Liebe zu sich selbst ist jedoch das natürliche Antibiotikum des eigenen Körpers. Tabletten sind nur eine Krücke, sie heilen nicht, sondern schaden noch zusätzlich. Es ist der Geist, dem gut zugeredet werden muss, damit er die Selbstliebe möglich macht. Die Batterien des Geistes dürfen ihre Energie nicht an das Ego verschwenden, sonst sind sie bald leer und können Liebe und Zuwendung nicht aufladen. Er hat die Kraft, alle Tore vor fremden Eindringlingen geschlossen zu halten, die den Körper auffressen wollen. Sagt der Geist »Nein!«, dann meint er auch nein und entwickelt eine Widerstandskraft, die den Menschen schützt. Wer den eigenen Geist mit Liebe nährt, lässt den Körper für sich tanzen.

Gott löst den Tag durch die Nacht ab und gießt mit deren Glück die Zufriedenheit der Menschen. Der in den DREI BLATT ausgezählte Frieden liegt gleich neben der Gleichmut, beide breiten sich aus über den Menschen und die ganze Welt. Erhaben soll der Mensch sein, voller Glücksgefühle! Er soll sein Leben durchschreiten, als gäbe es nur ihn! Aufgeräumt hat er mit allen Ängsten und lebt seine Kraft. Er hat verstanden, dass er seine Bitterkeit brauchte, um sein Leben zu erfahren. Erst das Glück ist, was nach Liebe schmeckt. Er wird es austrinken, bis er gesättigt ist.

Nichts kann sich glücklicher und freier bewegen als ein furchtloses Dasein. Der Mensch begegnet sich selbst, wenn er nicht mehr mit seinen Millionen Gedanken um sich schlägt. Die Natur schenkt ihm nur das, was er fühlen kann. Ohne die Macht seiner Gedanken bekommt er alles, was mit Liebe getränkt ist. Wer mit den DREI BLATT klein anfängt, wird die Größe des Lebens erfahren. Die Liebe wählt andere Wege als das Ego, sie träumt von Freiheit und lebt losgelöst. Was sie schafft, ist der Mensch nicht in der Lage, aus sich selbst heraus zu schaffen. Sie macht aus seinem Leben ein Königreich, und alles, was er als König erobert, ist er selbst. Je tiefer er vorher geschlafen hat, desto lauter der Knall, der ihn aufweckt. Dann öffnet er die Augen und erkennt im Licht sein Leben, das er nicht gelebt hat. Er stirbt den gedanklichen Tod, dafür werden seine Gefühle neu geboren. Der Mensch kann diesen Übergang nutzen und sich erheben, indem er alles fallen lässt, was ihn bisher plagte. Weder Gedanken noch Ängste muss der Mensch mit sich herumtragen. Indem er nichts dergleichen besitzt, ist er von gedanklichen Fesseln befreit. Innerer Frieden kann sich nur ausdehnen und ins Außen ausbreiten, wenn er nicht gedanklich gequält wird. Der Lebensfluss fließt, der Mensch erkennt seinen Weg in die Liebe hinein. Folge ihm, ohne etwas zu bewerten, beobachte nur dein Fließen! Im Nichts findest du alles.

> **Erkläre dir selbst die Liebe, die du brauchst,**
> **erst dann verstehst du Gott.**

Die DREI BLATT kennen den Weg des Menschen, doch das ist ihr Geheimnis. Der Mensch kann es erfahren, er braucht nur einen Zugangscode – den Weg der Stille. Darin liegt die Weisheit, die das Leben trägt. Es staut sich nichts auf, weil es nichts Unverständliches gibt. Man trägt mit sich nichts Gedankliches herum, weil es nichts zu tragen gibt. Die eigene Gesundheit schränkt nichts mehr ein, weil es keine Schranken mehr gibt. Der Lebensfluss fließt, weil er fließen kann.

Jedes einzelne Blatt ist kraftvoll und energetisiert den Menschen in allen Lebenslagen. Sich auf ein Gespräch mit ihnen einzulassen, bringt höchste Erkenntnisse. Es wird ein Wissensschatz bereitgestellt, der ohne ihre Hilfe nicht erfahrbar wäre. Problemlos und mit Leichtigkeit löst man Dinge, die vorher unvorstellbar waren. Der Mensch kann nur in sich selbst über den Rand des Denkens hinausschauen. Er begegnet in seinem Innern einer Welt, die er zum ersten Mal erfährt. Hält er diesen Kanal offen, indem er die DREI BLATT in sich wieder und wieder anschaut, ihnen Fragen stellt und auf ihre Antwort wartet, gewinnt er immer mehr Vertrauen zu sich selbst. Durch das Ausbalancieren seiner eigenen Lebensräume verschafft er sich einen Überblick über das wahre Leben. Vertraut er mehr der Sprache seines Herzens als der Sprache der Illusionen, erschafft er mehr Gesundheit in sich als mit jeder Glaubens-Pille.

Doch der Mensch vertraut den Illusionen mehr als dem wirklichen Leben. Diese fehlgesteuerte Ansicht kann ihn nicht erfüllen, im Gegenteil, sie rückt ihn immer weiter weg von sich selbst. Illusionen haben kein fundiertes Grundwissen, sie entwickeln sich aus der Beschaffenheit des Egos heraus. Pausenlos wird der Mensch mit schockierenden Informationen vom Ego beliefert, sodass er keinen klaren Gedanken fassen kann.

Solange der Mensch seinem Denken hinterherrennt, wird er ständig einen unüberwindbaren Abstand zum wahren Leben halten. Nicht ein einziger Gedanke schafft das, was eine Minute Stille zu tun vermag. Der Mensch ist sich seiner Ressourcen, die er immer schon hat, nicht bewusst. Er schöpft nicht einmal ein Prozent davon aus. Fehlgeleitet von sich selbst, führt er sich in die Irre und ist doch felsenfest davon überzeugt, das Richtige zu tun. Doch die vielen Unklarheiten, die ihm im Leben begegnen, machen ihn traurig. Das Wissen über naturverbundenes Leben ist ihm abhandengekommen. Gefühllos zu erscheinen, ist die größte Strafe, die sich der Mensch selbst auferlegen kann. Sein Denken missbraucht ihn, indem es ihn verbraucht. Was will man schon mit sich anfangen, wenn man ein von Gedanken gesteuerten Roboter ist? Begrenzt in emotionalen Fähigkeiten, seelisch willenlos und machtlos. Das Denken kann kein Selbstvertrauen im Menschen hervorbringen, doch der Mensch glaubt ihm weiter und weiter, ohne einen Zweifel daran zu hegen.

Der Mensch findet aus der Abhängigkeit vom Denken heraus, wenn er die Aufgaben der DREI BLATT erfüllt. Wenn er sich dem hingibt, was aus ihm selbst heraus entsteht. Was nicht erst erschaffen werden muss, weil es schon in ihm angelegt ist. Innere Freiheit ist immer da, aber er ist ihr nie begegnet, weil er kein Augenmerk darauf gerichtet hat. Die Ängste, die ihn in der Verzweiflung leben lassen, haben noch nie etwas vom Glücklichsein erfahren. Wie will der Mensch sich aufbauen, wenn er immer nur durch sein Denken niedergedrückt wird?

Die Wege zu Erkenntnissen sind immer eine Herausforderung, doch irgendwann muss der Mensch sich ihnen stellen. Wie lange will er noch schlafen, um seine Augen für das wahre Leben nicht öffnen zu müssen? Blind zu sein, ist keine Krankheit, man hält sich nur willenlos von seinen Gefühlen fern. Man glaubt, Gott zu sein, und ist ein Bündnis mit dem Teufel eingegangen. Fängt der Mensch an, gedankliche Entscheidungen zu treffen, macht er schon den ersten Schritt von sich weg. Er weiß nicht, dass es seine Gefühle sind, die ihn führen können, auf sie kann er sich zu einhundert Prozent verlassen. Es ist sein Bauchgefühl, welches er nicht ignorieren darf. Seine Sinne sind lebenswichtig. Durch nichts kann er so viel verstehen wie durch sie. Wonach will der Mensch suchen, wenn er nicht einmal weiß, dass es ihn gibt?

Die Nacht bringt das zustande, was der Mensch am Tage nicht schaffen kann. Sie sortiert und reinigt die verfahrenen Denkmuster unbewusst in den Träumen. Am Morgen erscheint der Mensch dann ausgeruht, unbefangen und offen für neue Dinge. Doch in sehr kurzer Zeit werden dem Geist schon wieder Vernebelungen und Illusionen übergestülpt, da ist das Frühstück noch nicht mal vorbei. Das Handeln wird eingeschränkt, weil er schon wieder verdrehten Sichtweisen folgt, sobald er aus dem Haus geht. Angst führt ihn durch den Tag, die nächste Nacht versucht wieder, ihn zu befreien. Träume sind der beste Weg, Erkenntnisse über sich selbst zu erhalten.

Lieber Mensch, fange an, deinen Körper zu lesen! Dessen Sprache ist das einzig Wahre, was im Leben zählt. Wer seinen Körper nicht verstehen lernt, bleibt ungebildet ein ganzes Leben lang. Dazu braucht man keinen Taschenrechner oder das Internet, technische Erfindungen können keine Gefühle anzeigen. Der Mensch verkürzt seine Lebenszeit selbst, er lebt die Nacht nicht zu Ende. Er zwingt den Schlaf in seine Denk- und Sucht-Muster hinein. So kurz wie möglich lässt er die Nacht für sich etwas Gutes tun, glaubt er. Unausgeschlafen, zermürbt und unfreiwillig schiebt ihn jeden Morgen das Weckerklingeln aus der Nacht heraus.

Unsicher und mit Kopfschmerzen quält er sich dann einen Tag weiter. Ungeachtet dessen gesellt sich irgendwann noch der Tinitus hinzu, der auch Anspruch auf einige Stunden stellt. Übermüdet fällt der Mensch dann am nächsten Abend ins Bett, selbst seine Herz-Rhythmus-Störungen ignoriert er, so erschöpft fühlt er sich vom Tag. Wie lange sein Körper dieses verkürzte und erzwungene Schlafverhalten durchhalten wird, werden die daraus folgenden Schlafstörungen anzeigen. Der Körper braucht die Stunden der Nacht, auch wenn der Kopf denkt, ihm diese stehlen zu können. Was der Mensch sich in jungen Jahren verwehrt, verschläft er im Alter an Lebenszeit. Der Körper hat nichts zu verschenken, er holt sich all das wieder zurück, was ihm unbedacht und mutwillig über die Jahre entsagt, regelrecht entzogen wurde.

Der Mensch meint, sich selbst überlisten zu können, wenn er die Signale des Körpers und dessen Bedürfnisse ignoriert. Da hat der Mensch aber die Rechnung ohne den Wirt gemacht, wie man so schön sagt. Der Körper weiß, woher er bekommt, was der Mensch nicht für notwendig erachtet. Der Körper will existieren von innen heraus, solange es geht. Die Nährstoffe, die er dafür braucht, und den benötigten Kalk findet er in Zähnen, Haaren und Knochen. Die Haut lässt er schrumpelig werden. Also muss der Mensch nun sehen, wie er ohne Haare und ohne seine eigenen Zähne im Lebensalter zurechtkommt. Keine Haare mehr auf dem Kopf und keine Zähne mehr im Mund, verbittert sieht er dann sein Leben an. Es sind die Jugendsünden, die sich zeigen, davon will der Mensch aber nichts mehr wissen. Ebenso sind zu viel Zucker, zu fettiges Essen und Schweinefleisch die größten und schädlichsten Gegner für den Körper. Doch das sieht der Mensch nicht so verbissen. Er meint, eine Menge Geld zu sparen, wenn er sich auf das Allerbilligste beschränkt. Dabei betreibt er Raubbau an seiner Substanz und wird in späteren Jahren den Preis dafür entrichten. Einschränkungen zahlen sich nie aus, was die Gesunderhaltung des Körpers betrifft. Was der Körper braucht, sollte man ihm schon geben, sonst nimmt er es sich von dort, wo man es nicht möchte.

Mit sich selbst hat der Mensch immer zu tun, und wenn es nur das Meditieren ist: EIN BLATT, ZWEI BLATT, DREI BLATT. EIN BLATT, ZWEI BLATT, DREI BLATT. Diese Gelassenheit sollte der Mensch nicht nur beiläufig annehmen, er sollte sie bewusst erfahren und leben. Sie bringt unendlich viel Gesundheit, der Mensch kann sich nur regenerieren, wenn er eine tief greifende Gelassenheit in sich aufbaut. Die Zeit zu drängen, um immer mehr aus ihr herauszuholen, hat noch nie funktioniert. Der Krebs ist nichts weiter als verlorengegangene Zeit, die der Mensch nicht bewusst gelebt hat. Erfüllung lediglich in zu viel Essen und Trinken zu suchen, das ist ein alter schädlicher Hut, der weder glücklich noch zufrieden macht. Die notwendige Zeit zum Ausruhen nimmt sich der Mensch viel zu selten in seinem Leben, dafür erscheinen ihm die unwichtigen Dinge viel zu wichtig. Erst wenn sein Körper die Reserven erschöpft hat, ist er bereit, sich für ein paar Tage ins Bett zu legen.

Die eigene Hingabe an seine körperliche Not ist die Herausforderung, die nun an ihn gestellt wird. Weder Einbildungen noch Illusionen können ihm jetzt helfen. Beide halten ihn schon jahrelang in seiner Unwissenheit. Er hat zu viel schöne Lebenszeit mit Medienkonsum verbraucht. Es sind die vielen Sorgen und Ängste, die ihn ins Grab zwingen. Wer sich ein Leben lang mit Schuldgefühlen herumplagt, wird nie als freier Mensch sein Leben verlassen können. Der Mensch braucht sich selbst auf, indem er vergisst, sich Zeit zu schenken. Sich ausgiebig zu erfahren, muss ohne Gedanken geschehen. Eine materielle Versicherung hat noch nie für gesundheitliche Stabilität gesorgt. Der Mensch entspannt nur, wenn er jede Situation auch entspannt angeht. Zwang hat noch nie zu neuen Erkenntnissen geführt. Im Gegenteil, er erstickt jedes Lernen.

Die Schönheit des Lebens kann man nur erkennen, wenn man sie auch sehen möchte. Wenn jedes Gefühl sich so ausbreiten darf, dass man damit verschmilzt. Gefühle haben die Eigenart, dem Menschen in der Tiefe zu begegnen, daher nützt es nichts, sie schon an der Oberfläche wegzuwischen. Die Empfindsamkeit des Herzens ist wahre Sicherheit, die der Mensch in sich trägt.

> **Der leise Wind, den man auf der Haut spürt,**
> **kennt die Antwort noch vor der Frage.**

Der Mensch ist ein Energiewesen. Taucht er in die Meditation ein, werden enorme energetische Potenziale aufgeweckt. Dadurch ist er in der Lage, die Selbstheilungskräfte zu aktivieren. Lässt er sie frei, werden sie regelrecht zu einem Energieball, der durch das Universum tanzt. Nirgend anders wird der Mensch mit so viel Energie gespeist als in Verbindung mit sich selbst. Er kann die kosmischen Energien zu einhundert Prozent nutzen, wenn er aus seinem Denken aussteigt. Er räumt dadurch sämtliche Störfelder aus dem Weg und befreit sich selbst. Außerdem ist sein Dasein in den Energiefluss der Erde eingebettet, welcher vom Universum gesteuert wird. Die Kraft des Mondes und der Sonne halten ihn im Gleichgewicht. Uneingeschränkt kann sich der Mensch darin aufhalten, seine Batterien werden ständig wieder neu aufgeladen.

Er meint, ein eigenständiges Leben zu führen, was in seiner Vorstellung auch so sein mag, doch die Wirklichkeit ist ganz anders, denn sein Leben lenkt und leitet ihn. Der Mensch geht einen Weg der Entwicklung, er muss ihn gehen. Er kann nicht anders, nur weiß er nichts davon, sondern er glaubt, sich selbst weiterzuentwickeln, aus eigener Kraft. Woher auch immer er diese Vorstellung nimmt, die Kraft, die ihn verwirklicht, gehört ihm nicht. Da der Mensch nur dieses Leben hat, in diesem Körper, ist er darauf angewiesen, seine Wahrnehmung darauf auszurichten. Wie tief er es ausschöpft und wie lange er darin verweilt, hängt von seiner Willensstärke ab. Sie ist bestimmend für sein ganzes Leben, egal in welchem Zustand er sich befindet. Heilung geschieht immer dann, wenn er es auch will.

Über sein Herz lernt der Mensch eine Sprache kennen, die für ihn faszinierend klingt. Sie behandelt den menschlichen Körper, als wäre er Gott, sie trägt ihn auf Händen. Der Körper erfährt einen Stellenwert im Seelendasein. Körper und Seele stehen sich so nah, dass Gedanken nicht notwendig sind, um zwischen ihnen zu vermitteln. All die Jahre musste der Körper auf Wertschätzung verzichten, jetzt fängt der Mensch an, ihn so zu behandeln, dass er sich gesund fühlt. Die Deutlichkeit dieser Sprache ist ein Gefühl des inneren Frieden. Sobald das Herz sich angenommen und wahrgenommen fühlt, verbindet es den Körper mit dem Göttlichen, weil es sich wohlfühlt und stolz ist, in einem so tollen Körper zu wohnen.

Momentan klingen solche Worte für viele Menschen wohl noch wie Zukunftsmusik, weit entfernt. Doch der erste Schritt, welcher ihnen große Vorteile im Leben bringt, ist der bewusste Umgang mit den eigenen Gedanken und Gefühlen. Er muss begreifen, dass es nicht sinnlos ist, sich Zeit für sich selbst zu nehmen, sondern im Gegenteil ein heilsamer Vorteil. Frieden und Balance sind die Grundworte der Sprache der Organe, die der Mensch verstehen muss, die er lesen kann in seinem Körper. Sein Körper ist von sich aus intelligent.

Er weiß zwar noch nicht viel darüber, doch wenn er sich damit beschäftigt, ohne die ständigen Angstgefühle, wird er bald mehr wissen und seinen Platz im Leben, unter der Sonne, finden. Er muss seine gedanklichen Einwände, die aus der Angst kommen, sterben lassen. Dieser Prozess des Loslassens wird ihn lange begleiten, er wird vom Universum regelrecht gezwungen, gedanklich loszulassen, damit er seine Möglichkeiten nicht länger einschränkt. Je mehr er sich gedanklich befreit, umso mehr Zugang erhält er zu sich selbst und zu seinen Gefühlen. Ein langer

Weg, aber ein lohnender. Gott wird ihn begleiten, damit er nicht falsch abbiegt.

Wer die ganze Energie der DREI BLATT erfahren will, muss sich so tief in sich hinein verlieren, dass er weder Sonne noch Mond spürt, die ihm im Leben Rhythmus geben. Weder ein Gebet zur Nacht noch der Glaube an den Morgen sind nötig, allerdings kann es am Anfang sehr hilfreich sein, diesen Rhythmus von Tag und Nacht überhaupt zu bemerken und zu unterscheiden und »Willkommen!« bzw. »Danke!« zu sagen. Später genügt es, sich immer nur an die DREI BLATT zu erinnern.

Der Mensch muss den Weg gehen, den sein Herz bestimmt, damit erweitert er den Erfahrungsschatz seiner Seele. Somit ist dies der Weg, der zur Heilung führt. Ungeachtet dessen ist der Mensch immer noch der Meinung, dass die Kraft von Tabletten ausreicht, ihn wieder gesund zu machen, ihm seine Stabilität zurückzugeben, ihn alt werden zu lassen. Eine Chemiekeule hat aber nichts mit der Heilkraft körpereigener Stoffe gemeinsam, sondern sie zerstört den Körper ab dem Moment, wo man die erste Pille schluckt. Der Mensch hat dann zwar scheinbar weniger Mühe mit der Aufarbeitung der Ursachen der Symptome, aber ohne Ursachenbekämpfung, ohne Gedankenbekämpfung bleibt der Körper anfällig, auch wenn er kurzfristig gesund erscheint. Beim nächsten Mal wird es nur noch schlimmer. Dann wird auch die Chemiekeule größer. Es nimmt kein Ende, bis der Körper unter der Chemielast zusammenbricht.

Nur durch Erkennen der Ursache kann tief greifende Heilung geschehen. Der Mensch muss gedanklich an den Entstehungspunkt der Krankheit zurückgehen, dorthin, wo die Schatten angefangen haben, sich auszubreiten. Er muss seinen Körper um Gnade bitten. Er muss sich selbst verzeihen, dass er die Lügen der Welt geglaubt hat. Der Mensch muss diese Selbstschuld in Liebe umwandeln, sonst erfährt er keine Heilung. In Zusammenarbeit mit Gott geschieht dieses Wunder. Der Mensch selbst kann sich nur befreien, indem er aus der Knechtschaft der Ängste herausfindet.

Den Glauben an sich selbst kann der Mensch über den Weg der Weisheit in den DREI BLATT finden, die seine Gedanken säubern und der Stille Raum geben. Die den Weg begradigen, der über das Herz in die Liebe führt. Unbeschwert und uneingeschränkt wird der Mensch ihn gehen können, seine Füße tanzen im Glücklichsein einen Reigen.

Der Mensch wird sich Wunder erleben lassen, die ihn sprachlos machen. Er ist Besitzer der Kraft Gottes, die Heilung geschehen lässt. Darin bestätigt sich der wahre Glaube an sich selbst. Die Annahme der eigenen Fähigkeiten, die weit über das hinausgehen, was der Mensch glaubt. Noch nie war er in der Lage, seine Gedankenströme anzuhalten, jetzt erst besitzt er die Fähigkeit, über das Erkennen Heilung zu erfahren. Sein Denken ist nicht mehr fremdbestimmt und nicht mehr mit Zweifeln behaftet. Ein einziges »Ich will!« hat ihn dazu gebracht, der eigenen Heilung Tür und Tor zu öffnen. Selbstheilung geschieht aus sich heraus, ohne die Beeinflussung fremder Glaubensmächte.

Das Herz hält an den DREI BLATT fest, darin erkennt es sich wieder, Die Sprache der Stille, noch nie war sie so deutlich zu hören. Feindlich ist der Mensch nur sich selbst gegenüber, es ist sein Glaube der ihn dazu macht. Solange er sich nicht von fremden Göttern befreit, wird er immer Sklave bleiben. Jede Einmischung und Einschränkung von außen raubt der Liebe im Menschen die Existenzgrundlage. Gott allein ist Schöpfer, egal ob er Allah, Jesus, Buddha, Krishna, Mohamed … genannt wird, die Ziele sind die gleichen. Den Frieden und die Liebe im Menschen zu fördern, um ihn grenzenlos glücklich zu machen.

Die DREI BLATT haben nichts mit religiösem Glauben zu tun, sie tragen die Reinheit in sich. Sie schützen den Menschen davor, unmenschlich zu sein. Sie bewahren ihn in seiner Größe und schenken ihm Furchtlosigkeit durch die Macht der Liebe. Schönheit kommt von innen heraus, der Mensch selbst muss sie sich schenken. Folgt er dem Weg, den ihm die DREI BLATT weisen, kann er Lebensfreude erreichen.

Der Mensch muss nicht erst alt werden, um ausgereift zu erscheinen. Weisheit hat keineswegs etwas mit Wissen zu tun. Lebenserfahrung wird nicht an irgendeinem Bildungsgrad gemessen. Der Mensch ist so klug und weise, wie er sich von der gedanklichen Fremdbestimmung befreit hat. Jedes der DREI BLATT zeigt einen Weg dahin auf, man muss nur an seinem eigenen Willen festhalten. Er versetzt Berge, die der Mensch, sinnbildlich, nicht zu erklimmen vermag.

Aus meiner Sicht kann jeder Mensch, könnte die ganze Menschheit sich die Meditation der DREI BLATT zu eigen machen. Das bedeutet, Vielfalt der Gefühle, innere Gelassenheit, umfangreiche Erkenntnis und das große Potenzial der Einfachheit zu entdecken. Das alles sind die Lebensbausteine, die man sonst nirgends findet. Jeder Mensch bekommt durch die DREI BLATT so viel Klarheit über sich, wie er ein Leben lang nicht von seiner äußeren Umgebung erhalten könnte. Vergängliches und Wertloses, mehr hat das Außen nicht zu bieten, sein materieller Reichtum ist seine Armut.

Folgt man in aller Stille dem Flüstern der DREI BLATT, ist der eigene Gemützustand immer gut aufgehoben. Unerschrocken kann man seine Lebensziele erkennen und verfolgen, weil man dem Leben huldigt und sich Gott anvertraut. Es offenbart sich einem ein Lebensgefüge, von dem man bisher keinerlei Vorstellung hatte.

Ein kleines bisschen Selbstvertrauen braucht der Mensch, damit sich seine Dinge von allein regeln, die er nie imstande wäre, über sein Denken in den Griff zu bekommen. Wille und Mut muss er noch entwickeln, so wird er eines Tages zu sich stehen und alles das geschehen lassen, was ihm das Leben anbietet. Nichtdenkend und nichtzweifelnd kann er sich in Balance halten. Dieser Zustand ist erreichbar durch Vergessen und Loslassen. Schritt für Schritt entwickelt sich alles. Der Mensch erfährt umso mehr über sich, je weniger Aufmerksamkeit er seinem Denken schenkt.

| Frei von Gedanken zu sein, ist das Ziel.

Hat der Mensch erkannt, dass sein energetischer Bewegungsraum zwischen Himmel und Erde liegt, wird er auch in der Lage sein, sich darin zurechtzufinden. Er hat erkannt, dass die Stabilität seiner Gehirntätigkeit nur über den Stille-Modus zu gewährleisten ist. Die bisherigen Hilfsmittel, wie Job, Internet, die eigenen Ängste – alles das ist überflüssig geworden. Dem Menschen steht sein eigenes Wesen zur Verfügung. Er kann sein ganzes Potenzial mit Leichtigkeit ausschöpfen. Hat der Mensch es geschafft, mit sich selbst in Kontakt zu treten, hat sich jede Unstimmigkeit in ihm verloren. Er beginnt plötzlich einen Höhenflug, der die Ebenen des wirklichen Lebens erreicht hat. Er wird bloß von Normalität überhäuft, sodass er sein Leben neu strukturieren muss. Weder krank zu werden noch alt zu sein, ist noch ein Thema für ihn. Er hat auf Lebenszeit ausgesorgt über die Entsorgung seiner Gedanken. Nichts braucht er, nichts vermisst er mehr. Er allein entscheidet über sein Dasein. Das sollte der Mensch unter Freisein verstehen.

Die Auflösung sämtlicher Gedanken-Machtgefüge beflügelt ihn, seine neue Lebensqualität auszukosten. So einfach und verständnisvoll ist er sich selbst noch nie begegnet. Der Mensch trägt die Würde der Menschlichkeit in sich, er braucht sich nicht von Gott abzuwenden. Es war nur seine eigene Blindheit, die ihn lebensfremd machte. Der Mensch ist ausgereift, er hatte nur vergessen, den Schalter umzulegen und zu fühlen, statt zu denken. Er ist schon reisefertig für eine neue Welt, und los geht die Fahrt! Es ist kein weiter Weg, das neue Leben liegt gleich nebenan. Einen Schritt muss er nur tun und sein gedankliches Gepäck, den schweren Gedanken-Koffer zurücklassen. Er braucht jetzt andere Hilfsmittel, wie Einfachheit, Stille, Gedankenlosigkeit. Schwereloses Gepäck.

Hat der Mensch dies erkannt, wird er nicht wieder in sein altes Leben zurück wollen. Warum sich mit Ballast herumquälen, der nicht mehr gebraucht wird? Die eigene Sichtweise erweitert den Horizont, man braucht sie nur zu drehen. Wer immer nur von unten auf sein Leben schaut, wird auch ohne Verständnis leben. Blickt man hingegen von oben darauf, wo alles mit Richtigkeit verbunden ist, bringen diese Erkenntnisse den inneren Frieden. Wo der Fluss des Lebens die Richtung angibt, kann der Mensch sich selbst wiederfinden. Er muss in sich aufräumen, ohne diese Arbeit wird er keine innere Ruhe finden. Von ihr ist sein Leben abhängig. Will er es, oder will er es nicht? Mag er sich, oder mag er sich nicht?

Allein sich bloß die Frage zu stellen: »Was brauche ich noch in meinem Leben?«, hilft zu erkennen: Nichts! Mehr kommt dabei nicht heraus. Zufriedenheit und Glücklichsein warten auf ihn. Wie viel Lebenszeit hat der Mensch noch übrig? Will er sie ungenutzt verstreichen lassen wie bisher? Darauf ehrlich zu antworten, heißt einen Schritt weiterzukommen.

Die Antwort haben die DREI BLATT schon parat. Frage sie! Trau dich! Über Einzelheiten brauchst du dir keinen Kopf zu machen, es ist ein Gesamtpaket. Liebe lässt sich nicht teilen, höchstens verdoppeln. Die einzigartige mentale Monotonie der DREI BLATT führt bei dir zum Aussetzen des Gedankenrhythmus.

> **Nichts zu wollen und nichts zu besitzen,**
> **heißt göttlich zu leben, von innen heraus.**

Eines der größten Kunststücke des Menschen ist es, sich auf sich selbst zu konzentrieren, um sich weiterzuentwickeln. Sich aus seiner mentalen Starre herauszulösen, ist ein enormer Kraftakt. Der Mensch muss sich verleugnen, um in sein Selbst einzutreten. Alles, was für ihn bis jetzt wichtig war, erfährt nun Unwichtigkeit. Nichts ist mehr so, wie es einmal war. Der Mensch muss sich neu konzipieren, er wartet auf seinen neuen Frühling. Diesmal ist es ein Erblühen, es entsteht ein Duft, von dem er selbst erweckt wird. Hat er einmal erfahren, wie sich die Liebe anfühlt, lässt er sie nicht wieder los. Er tritt in den Rausch der eigenen Sinne ein und will sich immer mehr erfahren. Er kann das Morgen kaum erwarten, während er noch im Heute lebt.

Mit den DREI BLATT wird die Tür zu sich selbst aufgestoßen. Der Mensch erkennt Wahrheiten, die aus der Natürlichkeit kommen. Drei wunderschöne grüne Blätter in ihrer einfachen bildlichen Darstellung sind der Hoffnungsschimmer für ein anderes, neues, erfülltes Leben. Die Gedankenvielfalt reißt plötzlich ab, der Ton des Schweigens zieht stattdessen durch das Gemüt. Den Gedanken fehlen die Worte. Sie sind herausgerissen worden aus dem Menschen, wie bei der Entkernung eines ruinösen Hauses, und nur die Grundmauern bleiben stehen, der menschliche Körper.

Jetzt heißt es, sich von Grund auf neu zu erschaffen, ohne Lügen, ohne Widerrede und ohne Zweifel. Beginnt der Mensch auf dieser Basis, seine Denkstrukturen zu verändern, bleibt innerlich kein einziger Stein mehr auf dem anderen, und sein wackeliger Gesundheitszustand stabilisiert sich. Die Funktionsweise ist sehr einfach: Man schickt die Liebe voraus und regelt alles im Stillschweigen mit sich selbst. Ein Bündnis mit der eigenen Liebe einzugehen, hat schon immer Vorteile gebracht: Als Erstes profitiert das Immunsystem davon. Egal bei welchem Wetter, man bleibt gesund. Auch die Hirnfunktionen sind belastbarer, sie regeln alle Eindrücke über das Erkennen der Dinge, die außerhalb des Körpers liegen. Verschleißerscheinungen werden reduziert, weil Meditation die Muskeln entspannt. Der Körper bleibt noch bis ins hohe Alter uneingeschränkt bewegungsfähig. Vom Fithalten des Geistes, der in sich zu schweigen lernt, profitiert der ganze Körper. Dehnungsübungen und Gehmeditation sind weitere Möglichkeiten der DREI BLATT, denn zählen kann man überall, auch unterwegs. Da man aufrecht sitzt und geht, gibt es keine Verspannungen im Muskelgewebe mehr und die Wirbelsäule gerät nicht in Schieflage. Die Gleichmäßigkeit des Herzrhythmus wird durch tiefes Ein- und Ausatmen erreicht. Das ist selbstheilende Zählung der drei Blätter:

EIN BLATT ZWEI BLATT DREI BLATT EIN BLATT ZWEI BLATT DREI BLATT EIN BLATT ZWEI BLATT DREI BLATT EIN BLATT ZWEI BLATT DREI BLATT EIN BLATT ZWEI BLATT DREI BLATT EIN BLATT ZWEI BLATT DREI BLATT ...

Das ist das Bezauberndste, was das Leben schenken kann: der Mensch selbst! Das Ungestüme, das Sensationelle, einfach die Vielfalt, die er besitzt, um das Leben auszukosten. Die Reinheit ist es, die den Menschen ausmacht, worin er sich spiegelt und woraus er erwächst. Nur das Glaubensgefüge im Außen beschert ihm Herzlosigkeit. Dabei braucht er gar keinen fremden Glauben und ist auch nicht auf anderer Leute Meinungen angewiesen. Warum sollte er auf fremde Götter hören, wenn er einen eigenen Gott hat, dem er folgen kann? Jede Umarmung, jede Liebkosung, die der Mensch sich selbst schenkt, enthält tiefe authentische Empfindungen, die göttlich sind. Mit Gott in sich löst er alle anstehenden Dinge gelassen auf. Ist es der eigene Glaube, der von ganz tief innen aus dem Menschen selbst kommt, als Teil von ihm, dann ist sein Gefühl auf der Ebene angelegt, die von Gott beseelt ist.

Alles wird vom Wind begleitet, der es davonträgt, damit es wieder erscheinen darf. In erweiterter Form, in anderer Weise, wie neu geboren. Die Schöpfung Gottes liegt in jedem Blatt. Man muss es nur lange genug anschauen und auf sich wirken lassen. In der Unbestimmtheit, in der mentalen Monotonie, liegt die Kunst der erfüllten Lebensführung und Lebensfreude. Das ist der Zweck der Liebe, die sich im Menschen aufhält. Nur die gelebte Liebe ist das Zeichen guten Umgangs mit sich selbst. Hat der Mensch Achtung vor sich selbst, wird er nicht mehr in die Unsicherheit der zwischenmenschlichen Kriege eintreten und deshalb nicht mehr leiden.

Das Leben stellt immer wieder neue Ansprüche an den Menschen und fordert ihn heraus, sich ihnen zu stellen. Ausgelebt hat sich der Mensch noch lange nicht, auch wenn ihm manches Mal alles langweilig und nutzlos erscheint. Er ist mit dem Leben nicht fertig, nur weil er sich am Ende fühlt, egal wie alt er ist. Wie auch immer er auf die Ideen kommt, das Leben sei vorbei, es muss mit seinem Denken zusammenhängen. Dort sollte er mal nachhaken und reinen Tisch machen. Ein aufgeräumtes Leben fühlt sich immer besser an als ein chaotisches. Das Denken muss aus dem Kopf entfernt werden.

Das Leben mit den DREI BLATT ist ein Höhenflug der Liebe, den der Mensch erlebt. Er hat das Glück, dabei zu sein. Mehr Ekstase gibt es nicht zu erfahren. Er hat Staub gewischt auf seinen drei Blättern, und dafür bedanken sie sich bei ihm. Reinheit war schon immer das oberste Gebot im Leben, egal worauf bezogen. Reinheit ist Selbsterkenntnis. Wer ohne sich leben möchte, kann dies zwar tun, doch warum ist er dann hier auf dieser Erde und in diesem Leben? Es ist das einzige, welches er hat in diesem Körper, und darum sollte er sich auch darin entfalten.

Der Mensch geht mit vielen Dingen verschwenderisch um, doch das Leben und die Natur haben das nicht verdient. Er wurde auf diese Erde gebracht, um Erfahrungen zu sammeln, und nicht, um alles zu zerstören. Er ist nicht hier, um vor sich selbst davonzulaufen. Raubbau wird auf der Welt genug betrieben, darum sollte der Mensch, wenn es um seine Lebensführung geht, davon Abstand nehmen, an sich selbst Raubbau zu betreiben. Wenn er nämlich aus Angst an seinem eigenen Lebensbaum herumsägt, fallen nicht nur mit der Zeit alle Blätter ab, sondern es kommen auch keine neuen mehr, weil die Äste herunterstürzen oder sogar der Stamm stirbt. Wie will der Mensch ohne Lebenskraft leben? Dabei braucht er keine Angst zu haben, denn er wird immer aufgefangen. Zu kostbar ist sein Leben.

Benutzt der Mensch seine eigene Intelligenz und schafft er es, sich aus dem Morast der Unwahrheiten, die ihn umgeben, herauszuziehen, folgt er seinem Lebenswillen. Doch lässt er sich gehen und von der Gesellschaft verbrauchen, sperrt sie ihn am Ende ins Altersheim, das sie extra für willensschwache, vom Leben abgewandte, alte Menschen gebaut hat. Erfährt der Mensch durch sich selbst, wie sorgsam er mit seinem Leben umzugehen hat, wird er es auch tun, und zwar sein Leben lang. Dann wartet kein Altersheim oder Pflegeplatz auf ihn. Ist er einmal erwacht, will er nicht wieder einschlafen. Hat er angefangen, sich selbst zu begleiten, will er nicht wieder damit aufhören. So sehen die Erkenntnisse aus, die sein Leben zum Vorschein bringt. So sieht der Mensch in seiner Wirklichkeit aus, wenn er authentisch darin lebt.

Wenn der Mensch aus all seinen disharmonischen Worten eine schöne Symphonie der Stille macht, wandelt er seine Sterblichkeit in Unsterblichkeit. Gibt er seinem eigenen Gedankenchaos zu verstehen, wie nutzlos und beschwerlich es für ihn ist, hat er sich selbst verstanden. Allein über das Denken hatte er sich viele Luftschlösser aufgebaut, doch nun wohnt er in dem soliden Haus seiner Liebe.

> **Nähe zu sich selbst ist eine Möglichkeit,
> Liebe zu erfahren.**

EIN BLATT ZWEI BLATT DREI BLATT EIN BLATT ZWEI BLATT DREI BLATT
EIN BLATT ZWEI BLATT DREI BLATT EIN BLATT ZWEI BLATT DREI BLATT
EIN BLATT ZWEI BLATT DREI BLATT EIN BLATT ZWEI BLATT DREI BLATT
EIN BLATT ZWEI BLATT DREI BLATT EIN BLATT ZWEI BLATT DREI BLATT
EIN BLATT ZWEI BLATT DREI BLATT EIN BLATT ZWEI BLATT DREI BLATT
EIN BLATT ZWEI BLATT DREI BLATT EIN BLATT ZWEI BLATT DREI BLATT
EIN BLATT ZWEI BLATT DREI BLATT EIN BLATT ZWEI BLATT DREI BLATT
EIN BLATT ZWEI BLATT DREI BLATT EIN BLATT ZWEI BLATT DREI 3LATT
EIN BLATT ZWEI BLATT DREI BLATT EIN BLATT ZWEI BLATT DREI BLATT
EIN BLATT ZWEI BLATT DREI BLATT EIN BLATT ZWEI BLATT DREI BLATT
EIN BLATT ZWEI BLATT DREI BLATT EIN BLATT ZWEI BLATT DREI BLATT
EIN BLATT ZWEI BLATT DREI BLATT EIN BLATT ZWEI BLATT DREI BLATT
EIN BLATT ZWEI BLATT DREI BLATT EIN BLATT ZWEI BLATT DREI BLATT
EIN BLATT ZWEI BLATT DREI BLATT EIN BLATT ZWEI BLATT DREI BLATT
EIN BLATT ZWEI BLATT DREI BLATT EIN BLATT ZWEI BLATT DREI BLATT
EIN BLATT ZWEI BLATT DREI BLATT EIN BLATT ZWEI BLATT DREI BLATT
EIN BLATT ZWEI BLATT DREI BLATT EIN BLATT ZWEI BLATT DREI BLATT
EIN BLATT ZWEI BLATT DREI BLATT EIN BLATT ZWEI BLATT DREI BLATT
EIN BLATT ZWEI BLATT DREI BLATT EIN BLATT ZWEI BLATT DREI BLATT
EIN BLATT ZWEI BLATT DREI BLATT EIN BLATT ZWEI BLATT DREI BLATT
EIN BLATT ZWEI BLATT DREI BLATT EIN BLATT ZWEI BLATT DREI BLATT
EIN BLATT ZWEI BLATT DREI BLATT EIN BLATT ZWEI BLATT DREI BLATT
EIN BLATT ZWEI BLATT DREI BLATT EIN BLATT ZWEI BLATT DREI BLATT
EIN BLATT ZWEI BLATT DREI BLATT EIN BLATT ZWEI BLATT DRE BLATT
EIN BLATT ZWEI BLATT DREI BLATEIN BLATT ZWEI BLATT DREI BLATT
EIN BLATT ZWEI BLATT DREI BLATT EIN BLATT ZWEI BLATT DREI BLATT
EIN BLATT ZWEI BLATT DREI BLATT EIN BLATT ZWEI BLATT DREI BLATT
EIN BLATT ZWEI BLATT DREI BLATT EIN BLATT ZWEI BLATT DREI BLATT
EIN BLATT ZWEI BLATT DREI BLATT EIN BLATT ZWEI BLATT DREI BLATT
EIN BLATT ZWEI BLATT DREI BLATT EIN BLATT ZWEI BLATT DREI BLATT
EIN BLATT ZWEI BLATT DREI BLATT EIN BLATT ZWEI BLATT DREI BLATT

EIN BLATT ZWEI BLATT DREI BLATT EIN BLATT ZWEI BLATT DREI BLATT
EIN BLATT ZWEI BLATT DREI BLATT EIN BLATT ZWEI BLATT DREI BLATT
EIN BLATT ZWEI BLATT DREI BLATT EIN BLATT ZWEI BLATT DREI BLATT
EIN BLATT ZWEI BLATT DREI BLATT EIN BLATT ZWEI BLATT DREI BLATT
EIN BLATT ZWEI BLATT DREI BLATT EIN BLATT ZWEI BLATT DREI BLATT
EIN BLATT ZWEI BLATT DREI BLATT EIN BLATT ZWEI BLATT DREI BLATT
EIN BLATT ZWEI BLATT DREI BLATT EIN BLATT ZWEI BLATT DREI BLATT
EIN BLATT ZWEI BLATT DREI BLATT EIN BLATT ZWEI BLATT DREI BLATT
EIN BLATT ZWEI BLATT DREI BLATT EIN BLATT ZWEI BLATT DREI BLATT
EIN BLATT ZWEI BLATT DREI BLATT EIN BLATT ZWEI BLATT DREI BLATT
EIN BLATT ZWEI BLATT DREI BLATT EIN BLATT ZWEI BLATT DREI BLATT
EIN BLATT ZWEI BLATT DREI BLATT EIN BLATT ZWEI BLATT DREI BLATT
EIN BLATT ZWEI BLATT DREI BLATT EIN BLATT ZWEI BLATT DREI BLATT
EIN BLATT ZWEI BLATT DREI BLATT EIN BLATT ZWEI BLATT DREI BLATT
EIN BLATT ZWEI BLATT DREI BLATT EIN BLATT ZWEI BLATT DREI BLATT
EIN BLATT ZWEI BLATT DREI BLATT EIN BLATT ZWEI BLATT DREI BLATT
EIN BLATT ZWEI BLATT DREI BLATT EIN BLATT ZWEI BLATT DREI BLATT
EIN BLATT ZWEI BLATT DREI BLATT EIN BLATT ZWEI BLATT DREI BLATT
EIN BLATT ZWEI BLATT DREI BLATT EIN BLATT ZWEI BLATT DREI BLATT
EIN BLATT ZWEI BLATT DREI BLATT EIN BLATT ZWEI BLATT DREI BLATT
EIN BLATT ZWEI BLATT DREI BLATT EIN BLATT ZWEI BLATT DREI BLATT
EIN BLATT ZWEI BLATT DREI BLATT EIN BLATT ZWEI BLATT DREI BLATT
EIN BLATT ZWEI BLATT DREI BLATT EIN BLATT ZWEI BLATT DREI BLATT
EIN BLATT ZWEI BLATT DREI BLATT EIN BLATT ZWEI BLATT DREI BLATT
EIN BLATT ZWEI BLATT DREI BLATT EIN BLATT ZWEI BLATT DREI BLATT
EIN BLATT ZWEI BLATT DREI BLATT EIN BLATT ZWEI BLATT DREI BLATT
EIN BLATT ZWEI BLATT DREI BLATT EIN BLATT ZWEI BLATT DREI BLATT
EIN BLATT ZWEI BLATT DREI BLATT EIN BLATT ZWEI BLATT DREI BLATT
EIN BLATT ZWEI BLATT DREI BLATT EIN BLATT ZWEI BLATT DREI BLATT

DREI BLATT

Folge der Liebe nach, sie geht in den Garten der vielen Freuden hinaus, hinein in das Tiefste aller Tiefen. Teile das Glück mit ihr, sie wird es verdoppeln. Gehe nicht sparsam mit den Worten um, die du der Liebe sagst, aber sprich von deiner Liebe zu ihr. Hast du dich freigesprochen von den Lügen, die der Liebe nichts Gutes zu sagen haben, brauchst du keine Kraftanstrengung mehr zu leisten an den Tagen, weil dein Leben dich durch alle Tage führt mit Leichtigkeit. Gib der Welt nur das von dir, was sie wirklich braucht! Andere werden ihren Weg finden, der aber nicht deiner ist. Ein Teil davon wirst du natürlich immer sein, so wie umgekehrt auch, doch das Große und Ganze entscheidet jeder für sich allein.

Der Mensch möchte sich so eng wie möglich mit dem Leben verbinden, das er in jedem Atemzug spürt, den er nimmt. Im Atem fühlt er, dass er sein Leben ist, deshalb will er immer leben. Wenn er die DREI BLATT zählt, fühlt er darin sein Lebendigsein, es überrascht ihn. Doch eines Tages wird das, was er als eine überraschende Neuigkeit ansieht, Normalität werden. Sobald der Gedanken-Rausch vollständig still geworden ist, erscheint ihm seine Welt in einem durchsichtigen Gewand. Er sieht die Dinge, wie sie wirklich sind. Er macht seine Erfahrungen nicht mehr im Kopf, sondern im tatsächlichen Leben.

| Inneres Wachstum bedingt äußeren Wandel.

Obwohl der Mensch glaubt, etwas dafür tun zu müssen, dass er sichtbar wird in der Welt, und sich mit Bildung vollstopfen zu müssen, erreicht er mit viel Tun gar nichts. Bildung führt am Ende immer zur geistigen Vernachlässigung, das, was gelernt wird, braucht das Herz nicht. Auf der Universität lernt der Mensch nicht, sich selbst zu lieben. Stattdessen häuft er nicht nur fremdes Wissen an, sondern auch große Versagensängste, nicht zu genügen, nicht erfolgreich zu sein, nicht genug zu verdienen, nicht berühmt zu werden usw. Stress und Verzweiflung sind der Preis für Erfolg und materiellen Wohlstand, das Herz wird der Verarmung überlassen. Verkrüppelte Gefühle setzen sich als Blockaden fest im Lebensfluss. Solange die Gefühle nicht frei sind, leidet der Mensch, weil er nicht vorankommt.

In einer gedankenfreien Minute kommt man weiter voran, als man sich in zehn schlaflosen Nächten zusammendenken kann. Die innere Weiterentwicklung hat mit mentalem Stillstand zu tun, nicht mit Turbo-Denken. Ausruhen im Kopf, nichts denken und nichts planen, sind die besten Erfolgsstrategen. Da kommen die DREI BLATT ins Spiel, sie stoppen sofort den Denkprozess. Sie unterstützen den Menschen auf Lebenszeit. Sie füllen ihn immer wieder energetisch auf und halten ihn in seiner Kraft. Dieses Energiepotenzial kann der Mensch niemals ausschöpfen, weil es mit der unerschöpflichen Quelle verbunden ist.

All das, was sich der Mensch energetisch erschafft, kann er auch für sich selbst nutzen und der Welt weitergeben, ohne dass er Energie verliert. Im Universum sind die Energien unendlich, dies hat natürlich auch Auswirkungen auf den Menschen und dessen Lebensverhalten, weil er sich unbegrenzt nutzen kann. Dies ist das größte Geschenk, welches das Universum den Menschen macht. Kostenlos erhält er ein Energiebad, und das täglich. Ohne nur einen Finger zu rühren, wird sein Bewusstseinslevel ständig angehoben. Er braucht nur zu sagen: »Ja! Ich will mich so entfalten, wie ich bin!«, und schon geschieht es, als ein Wunder, das den Menschen verzaubert. Der Mensch lernt den Menschen in sich selbst neu kennen, der liebebedürftig, verwundbar und sensibel ist.

Die DREI BLATT vergolden ihm sein Leben. Sie machen aus der »Pechmarie« eine »Goldmarie«, wie das Märchen der Gebrüder Grimm es nennt. Wer nicht mehr mit Sorgen und Kummer beladen und immer freundlich und hilfsbereit zu allen Menschen ist, darf im Glück baden. So sieht es das Leben für jeden Menschen vor, auch wenn nicht alle ihre DREI BLATT erkennen. Sie sind für jeden einzelnen Menschen und seine Bedürfnisse maßgeschneidert. Drei an der Zahl, umfangreicher kann sich das Leben nicht gestalten.

Man hat alles, was man braucht, man ist diese DREI BLATT. Die Fülle des Lebens zeigen sie auf: Schönheit, Jugendlichkeit und Weisheit. Ist man so ausgerüstet, reicht dies für mehrere Leben aus. Doch in diesem Körper hat man nur eines, und dieses sollte man sich auch von ganzem Herzen schenken. Je mehr Liebe man für sich ansammelt und darin aufgeht, desto mehr Glück und Freundlichkeit ist man in der Lage, weiterzugeben.

Der innere Frieden ist die Voraussetzung dafür, dass der Mensch sich wohlfühlt im eigenen Körper. Wenn er alle seine Stärken und Schwächen in sich annimmt, mit Fleiß, Mut, Willen und Durchhaltevermögen sein Leben lebt, gewinnt er das zurück, was er sich vorher verwehrt hat: Geliebtsein.

**Erkennt man seine innere Schönheit,
fliegt man durch sein Leben.**

Um die innere Unruhe zu besänftigen, muss der Mensch den Unruhestifter, das Ego, erkennen und ihm jeglichen Gedankenstoff entziehen. Das heißt, der erkennende Mensch sollte mit geschlossenen Augen durch sein Leben gehen, damit er mehr innen sehen kann. Sie sollten nicht ganz geschlossen sein, sondern nur so weit, dass er nicht wie ein blindes Huhn durch sein Leben tappt. Er sollte all das, was er sieht, für sich behalten. Wenig Reden macht wenig Sorgen! Sehen, was ist, und vergessen, was man sich einbildet, ist die beste Methode, um gelassen durchs Leben zu gehen. Man sollte sich immer die Frage stellen: »Was ist an den Dingen, die andere betreffen, so wichtig, dass ich mich damit befassen müsste?« Im Grunde genommen nichts, denn es gehen jeden nur die eigenen Dinge etwas an. Wer ständig mit anderen Beschäftigt ist, erzeugt in sich Gedankenstaus, die seinem eigenen Leben den freien Fluss verwehren. Die vielen Überlegungen bremsen ihn aus, obwohl sie gar nicht vonnöten sind. Das energetische Pendel, welches sich in ihm harmonisch hin und her bewegen sollte, gerät durch jeden eingeschobenen Gedanken an die Außenwelt aus dem Gleichgewicht.

Der Mensch trägt so viel Harmonie in sich! Warum zerstört er immer wieder die Balance seiner Gefühlswelt? Es gibt keinen Grund, traurig oder eifersüchtig zu sein. Es gibt nur diese DREI BLATT, auf die er sich konzentrieren sollte. Indem er nicht über sie nachdenkt, sondern sie erfühlt und erlebt, offenbaren sie ihm ihr Geheimnis. So wenig Gesprächsstoff der DREI BLATT-Baum liefert, so ruhig kann sein eigenes Leben verlaufen. Meditation ist ein bewährtes Mittel, um den Geist in die Leere zu führen. Damit verirrt er sich nicht mehr dahin, wohin seine Gedanken ihn führen wollen. Aber er bleibt ihnen ausgeliefert, solange er keine Kontrolle über sie hat.

Wenn ein Gedanke bedeutungsvoll ist, dann nur für den Moment, wie ein Schluck Wasser, der den Durst löscht. Wenn das Glas geleert ist, kehrt er wieder in seine Unwichtigkeit zurück und wird vergessen. So, wie alles, was das Leben erschafft, von kurzer Dauer ist. Jeden Tag kann man nur in seinem Licht betrachten, nicht im Licht der Vergangenheit oder Zukunft. Das Vergangene leuchtet nicht mehr und das Zukünftige leuchtet noch nicht. So einfach ist das Zählen der DREI BLATT.

Der gesunde Weg hält den Menschen dazu an, sich ausgewählte Zeitfenster zu schaffen, die mit der täglichen Gedanken-Vernebelung nichts zu tun haben. Er sollte sie nutzen, um den inneren Frieden zu finden. Doch er sollte nicht vom Frieden reden, wenn er innerlich noch Kriege führt. Dann muss er sich nach innen wenden und erst herausfinden, welchen Krieg er führt. Der Feind, den er glaubt, im Außen bekämpfen zu müssen, befindet sich nämlich in Wirklichkeit in ihm selbst. Angst, Hass, Unzufriedenheit, Neid, Verzweiflung, Unsicherheit, all das feindet ihn innerlich an durch das Ego und Negativgedanken.

Der Mensch kann von Nächstenliebe reden, so viel er will. Wenn er nur weiß, wie das Wort geschrieben wird, ist keine Nächstenliebe da. Fundiertes Wissen gründet immer auf Selbsterfahrung. Solange er sich selbst nicht genug liebt, kann er auch andere nicht lieben. Der eigene Bedarf muss zuerst gedeckt werden, sonst lebt der Mensch nicht in stabilen Verhältnissen. Von sich selbst muss er überzeugt sein, damit er Selbstliebe und Selbstverständnis entwickeln kann, vorher hat ihn die Welt draußen nicht zu kümmern, er ist keine Hilfe für sie. Nichts ist bei der Zählung der DREI BLATT wichtiger als die Annahme des eigenen Ich, als sich in sich selbst zu finden. Näher kann Gott dem Menschen nicht sein.

> Der Mensch gleicht Gott,
> so ist es in der Schöpfung vorgesehen.

Man muss sich nicht in ein Kloster einsperren, um gedanklich frei zu werden, wenn Klöster überhaupt dafür geeignet sind. Es gibt genug Glaubensgefängnisse im eigenen Herzen, die sich der Mensch selbst erschafft. Wozu ein zusätzliches aufsuchen, wenn man schon eingesperrt ist? Zu viel Sicherheit schmälert die Lebensqualität, es können sich darin zu viele Verlustängste und Kontrollzwänge einnisten. Um frei zu sein, braucht man nur sich selbst. Das Ich ist das einzige Privileg, dem sollte man sich zuwenden.

Alle Gedanken müssen gelenkt und geleitet werden, sonst weiß man nichts mit ihnen anzufangen. Sie schießen wild in der Gegend herum und stellen unsinnige Fallen auf, ihr hässlicher Eifer ist weder durchschaubar noch überschaubar. Die Gedanken-Hektik lähmt jede Entwicklung. Das Ego bildet sich ein, anderen überlegen zu sein, nur weil sein Denken schon wieder etwas Neues hervorgebracht hat. So spinnt der Mensch gewohnheitsmäßig einen Gedankenfaden nach dem anderen und verwickelt sich selbst darin. Ausgeruht zu sein, vermag er natürlich nie, weil Langeweile bedrückend auf ihn einwirkt, sobald er still wird. Er versteht die DREI BLATT nicht, seine vielen Unternehmungen verhindern, dass er klar sieht und seinen Atem spürt. EIN BLATT, ZWEI BLATT, DREI BLATT, ...

Es gibt einen Unterschied zwischen innerer und äußerer Entwicklung. Doch der Mensch sieht sich mehr im Außen stehen, auf einem Berg materieller Bedürfnisse. Er kann sich Reichtümer anhäufen, so viel er will, was bringen sie ihm, wenn er innerlich kalt bleibt? Wenn er sein Leben nicht mit Liebe füllt, damit er sich darin wahrnehmen kann?

Gedankengänge reifen niemals aus, da kann sich der Mensch anstrengen, wie er will. Immer neue Verzweiflungstaten schieben sich an die Oberfläche in seinem Alltag. Der Mensch muss von Grund auf einmal in sich aufräumen, doch zu anstrengend erscheint ihm diese Arbeit am Selbst. Er glaubt, seinem Leben nicht gewachsen zu sein, deshalb unternimmt er immer wieder neue Versuche, um sein Herz wegzuschließen.

Man könnte sich auch befreien aus den Zwängen von Eifersucht und Einsamkeit, indem man sich dem interessanten Leben hingibt. Indem man das Leben zum gedanklichen Nichtstun nutzt, wofür es bestimmt ist. Man braucht alles nur umzudeuten und umzubenennen, schon bekommt es einen anderen Stellenwert. Bewusst am Leben teilzunehmen, heißt, sich darin als der Mensch wiederzufinden, der man eigentlich ist.

Das Wort »Einsamkeit« hat der Mensch sich ausgedacht, damit er etwas hat, woran er seine Unzufriedenheit binden kann. Da er für alles eine Erklärung braucht, teilt er sich selbst in Kategorien ein. Um mit sich selbst besser zurechtzukommen, regelt er sein Leben über Gedankenschachteln: einsam sein, arm sein, krank sein usw. Alle Schachteln werden aufgestapelt und wachsen so zu einem unüberwindbaren Berg Ängste an, die aber gar nicht da sind. Angst ist immer nur ein Gedanke. Andererseits überschätzt sich der Mensch oft, nämlich indem er sich zu viele und zu hohe Ziele steckt, die er sowieso nicht erreichen kann.

Die Schuldenfalle wartet schon, er leidet unter Schlafdefizit und wird geschieden, sobald das Eigenheim gebaut ist. Dumm gelaufen! Seine Rechnung »Ich-denke-mir-mein-Leben« geht nicht auf, er wollte zu viel, zu schnell.

Wer sein Leben bedingungslos anerkennt, wird es auch bedeutungsvoll führen können. Der Lebensweg öffnet sich nur so weit, wie man bereit ist, in sich hineinzuschauen. Alles zu betrachten, was noch geheilt werden muss, damit keine Selbstzerstörung mehr stattfindet. Das Gute im Menschen ist so reichlich vorhanden, er könnte Städte des Glücks erbauen. Einfühlsamkeit besitzt der Mensch genug, es ist eine Gabe, die er für sich selbst besitzt und anderen Menschen schenken kann. Durch seine Selbstveränderung kann er sogar die ganze Welt ändern.

Wer klein denkt, wird auch klein bleiben. Gedanklich viel zu besitzen, ist die größte Armut, die der Mensch sich erschaffen kann. Zu wissen, wie viele Reichtümer man sich erarbeitet hat, ist in Wirklichkeit eine Sorge, die man sich selbst bereitet. Äußerlich reich und zusätzlich eingebildet zu sein, macht krank und hässlich. Eine Botox-Spritze hilft nur kurzfristig. Aber die Zufriedenheit glättet die Haut ein Leben lang, ja sogar bis ins hohe Alter hinein.

Sich selbst zu finden in der Weite des Universums, kommt einem Lottogewinn gleich. Man hat sein Leben nicht verspielt, sondern in der Unwissenheit erst wirklich erlangt. Stille und Meditation haben es hervorgebracht, weil der Mensch nicht mehr gedanklich danach gefragt hat. Alles ist im Gefüge der Einheit verbunden. Ausgebreitet hat der Mensch nun seine Flügel und sich emporgeschwungen in die Lüfte. Er weiß jetzt, woraus das Leben besteht, zumindest nicht aus dem, was er sich immer gedacht hat. So großartig, wie er einst werden wollte, so klein erscheint er jetzt in seiner Wirklichkeit. Kein Stück fehlt mehr vom Leben, er hat alles gefunden, was ihm gehört. Alles andere, was den anderen gehört, ist nicht mehr da.

Der Mensch hat in seinem Leben viel zu viel erfahren, und alle diese Dinge brauchte er nicht. Weiß er mit seinem Ich umzugehen, hat er ausgelernt auf Lebenszeit. Sein Empfinden öffnet alle Türen, erst zu sich selbst und dann zur Welt. Das Universum schreibt die Geschichte, nicht der Mensch, der dies fälschlicherweise von sich glaubt. Der Mensch fragt sich immer, was als Nächstes ansteht. Er wird darüber aber unwissend bleiben, bis es geschieht. Erfährt er alles aus dem Geschehen heraus, fühlt er sich darin geborgen.

Der Mensch durchwandert gedankliche Nächte. Er schläft in seiner Gedankendunkelheit, und das scheint auf ewig so zu sein. Bis irgendwann auch die Gedankennacht zu hell für ihn wird und er darin sein eigenes Scheinen erkennt – ein Geschöpf Gottes zu sein, von herrlicher Bedeutung und dazu vollkommen. Das wenige, was dann zurückbleibt, ist bloße Erinnerung.

Das menschliche Leben fühlt sich unwahrscheinlich kompliziert an. Der Mensch will immer im Mittelpunkt stehen, dabei steht ihm nur eine Außenseiterrolle zu. Er verhält sich wie ein Elefant im Porzellanladen: zerschlägt das Schöne, was ihm das Leben schenkt, und tritt alles mit Füßen, was ihm nicht passt. Dabei geht sein eigenes Dasein kaputt.

Was der Mensch nicht leiden mag, ist Unpünktlichkeit. Sein Existieren läuft nach einer Uhr ab, die er sich extra dafür ausgedacht hat. An dieser Uhr verstellt er immer die Zeit. Zum Schluss weiß er gar nicht mehr, auf welchem Teil der Erde er wirklich wohnt. Das Zeitgefühl hat er total vergessen, weil er nicht nach Sonne und Mond lebt, nach den Jahreszeiten, dem natürlichen Rhythmus, sondern nach selbst gemachten Zeitvorgaben. Ebbe und Flut interessieren ihn nicht. Dabei sind diese Zyklen maßgebend für sein Wohlbefinden. In diesem Sonnensystem muss er sich zu Hause fühlen – ob die Sonne scheint oder nicht. Sie ist ja immer da, mit immer derselben Energie.

Der Mensch braucht seine Augen nur richtig zu öffnen, um dieses Licht wahrzunehmen. Darin kann er sich sehen, wenn er sich traut, der Wahrheit ins Gesicht zu schauen und die Lügen zu akzeptieren, die zu seinem Leben gehören. Der Mensch brauchte sie bis jetzt, doch nun erkennt er, dass alles, was er bis jetzt erschaffen hat, seinen Ursprung in der Finsternis hat. Er musste erst so leben, um dann sein Nichtsehen sehen zu können. Um über das Spüren in ein Leben hinein zu gelangen, welches er jetzt als das Seine betrachten darf. Er hat sich herausgelöst aus dem gedanklichen Gefängnis, dessen Mauern sein wahres Leben begrenzten.

Wenn es nichts mehr gibt, wonach sich der Mensch richten muss, fängt die Zeit an, sich irgendwie rückwärts zu drehen. Er hat so viel aufzuholen und nachzuholen, das Leben scheint ihm davonzulaufen. Erlaubt er sich, sein Leben zu vergessen, kann er sich im Vergessen wiederfinden. Er sollte alles das ins Vergessen entsorgen, was seinen Körper für ihn unbrauchbar macht: angefangen bei den vielen Ängsten, die ihn bedrängen, über die störenden »Denkhilfen« bis hin zu den erstarrten Lügen, mit denen er bisher versuchte, sich durch das Unterholz des Lebens zu schlagen. Den Rest der Steine, die noch seinen Weg behindern, wird er im Lauf der Zeit überwinden.

Auch wenn der Mensch vom Affen abstammt, sein affiges Verhalten sollte er in der Vergangenheit belassen. Die Evolution bringt ständig Neues hervor, deshalb muss Altes sterben. Der Mensch, der das nicht verstehen will, wird nicht zu einem neuen Leben in diesem Leben kommen. Man stirbt mehrere Tode, das ist zweifelsfrei erwiesen. Doch wie lange, in wie vielen weiteren Leben, der Mensch Qualen durchleben wird, entscheidet er für sich selbst. Allein schon die Frage »Wann werde ich sterben?« ist überflüssig.

| Gott kennt die Antwort der ewigen Seele.

Immer wieder, wenn Gott gefragt wird, hält er dem Menschen DREI BLATT hin. Fordert ihn heraus, über sich und sein Leben nachzudenken. Sich dort abzuholen, wo er sich vergessen hat. Sich wieder in das Licht zu stellen, damit er sich selbst sehen kann. Niemand wird der Mensch helfen aufzustehen, wenn er nicht selbst die Kraft dazu hat. Wobei diese Kraft aus Erkenntnissen besteht und gar nichts mit Anstrengung zu tun hat. Löst der Mensch sich von seiner Fremdbestimmung und dem gedanklichen Verfluchtsein, kann er sein Glück erfahren. Die Liebe, die er in seinem Herzen trägt, kann sich zuerst in ihm entfalten und im Weiteren Frieden in der Welt erschaffen. Unzählige Male kann der Mensch zum äußeren Gleichgewicht der Weltgestaltung beitragen. Herausgelöst haben muss sich der Mensch aus der Annahme, der Regent seines Lebens zu sein. Der Wille ist zwar entscheidend, doch auf einer anderen Ebene regiert sein Leben über ihn.

Indem der Mensch sein Leben intensiver betrachtet, wird er es freier leben. Er muss nicht mehr gedanklich in alles eindringen, um es zu verstehen. Sein Leben gründet nun im Nichtverstehen. Aus dem eigenen Selbst heraus lernt er, besser mit sich umzugehen. Er baut die gedanklichen Hindernisse immer mehr in sich ab, die ihn vom Leben getrennt hielten. Ausnahmslos setzt er auf sich selbst und glaubt auch an die eigene Fülle. Es fühlt sich besser an, im Heute zu leben als im gedanklichen Gestern, das voller Zwänge war.

Nicht jeder Mensch hat Angst vor dem Sterben. Indem man die Freiheit liebt, lässt es sich leichter ertragen. Es gibt die Möglichkeit, über Meditation in die Freiheit hineinzugelangen. Eine geübte Monotonie der Gedanken bringt diese Veränderung hervor. Sie lenkt die Gedanken aus ihrem täglichen Arbeitsstress heraus. Sie fordert den Menschen auf, sein Denken zu betrachten. Neugierig ist der Mensch schon immer gewesen, daher beschaut er alle Gedanken sorgfältig. Die Folgen sind für sein Ego nicht absehbar.

Findet der Mensch seine Begrenzungen im eigenen Denken, fühlt er sich gut und erleichtert, aber das Ego hat sein Ende zu beklagen. Es ist angespornt, wieder Neuigkeiten hervorzubringen, damit es sich nicht im eigenen Grab wiederfindet. Doch es kann sein Ende nur verzögern, nicht aufhalten. Der Mensch muss indessen kein anstrengendes und monotonisierendes Denken einfordern, damit die sinnlosen Ego-Neuigkeiten aufhören können, sondern Stück für Stück wird er gedankenloser. Auf den ersten Blick erkennt er nicht gleich, in welcher Wirkungsweise dieser Prozess der Gedankenauflösung vor sich geht, da das Sich-besser-Fühlen noch im Vordergrund steht, das dadurch erzeugt wird.

Aber er spürt, dass er die DREI BLATT-Meditation selbst gestaltet. So oft, so lange und so intensiv, wie er möchte. Das Unglaubliche daran ist die Einfachheit! Der Mensch ist dadurch in der Lage, sich selbst vom Alltagsgedränge abzuschirmen. Er erlaubt sich für Minuten ein kleines gedankliches Päuschen.

Da es ihm guttut, wenn auch der Vorgang selbst innerlich unbewusst bleibt, lässt der Mensch sich auf mehr ein. Immer mehr Zeit verbringt er mit sich und den DREI BLATT. Jedes Mal werden weitere alte Gedankengänge beerdigt. Hat dieser Prozess im Menschen einmal begonnen, ist er nicht mehr aufzuhalten. Irgendetwas in ihm drängt immer mehr dazu, sich dieser Lebensgestaltung zu öffnen. Dieser Prozess zieht den Menschen immer mehr in den Bann. Unbemerkt hat er sich bald damit identifiziert und ist aus seinem alten und wackeligen Lebensgefüge ausgestiegen. Unbeabsichtigt, und doch freiwillig und voller Erwartung, so sollten die DREI BLATT damit beauftragt sein, unkontrollierte Gedankenketten außer Kraft zu setzen. Die Erleichterung wird dem Menschen ein Gefühl der inneren Erhabenheit vermitteln, sodass er intuitiv weiß, er ist auf dem richtigen Weg, Ruhe und Frieden zu finden.

Es findet im Menschen ein Umbruch in kürzester Zeit statt, der noch durch das Universum begünstigt wird. Der Mensch hilft sich selbst, indem er sich nicht mehr mit Gedankensalven befeuert, sondern sich selbst spürt. Schneller und einfacher kann Heilung nicht geschehen. Er wird nicht mehr unter Druck gesetzt oder in Stress versetzt, etwas begreifen oder erlernen zu müssen. Es geschieht alles von selbst mit ihm und durch ihn. Die DREI BLATT nehmen ihn an die Hand und erzählen ihm eine Geschichte über die Einfachheit des Lebens. Sie muss kompliziert und verwirrend beginnen, bis er es verstanden hat, sich der Ruhe und Gelassenheit hinzugeben.

Das Einzige, was er braucht, ist Zeit, und die hat der Mensch zur Genüge, wenn er will. Er ist aufgefordert, Zeit für sich selbst nutzbringend einzusetzen. Er gewinnt immer mehr Zeit für sein eigenes Leben, weil er sie nicht mehr im Außen vergeudet und verschwendet. Dem rücksichtslosen Lebensstil von vorher wird jetzt Einhalt geboten. Der

Mensch erkennt das Nutzbringende der DREI BLATT und freundet sich mit ihnen an. Je intensiver er ihr Gefüge in sich selbst erkennt, desto heilsamer wirken sie. Ihre Stärke und Wirkungstiefe ist nicht mit den gesteuerten Gedankenkräften zu vergleichen, die DREI BLATT wirken hundertmal heilsamer als jeder noch so raffinierte Gedanke.

Der Mensch sollte seine inneren Reichtümer für sich nutzbar machen, bis jetzt hat er sie nicht beachtet. Er könnte mehr auf seine Gefühle hören und ihnen Vertrauen und Aufmerksamkeit schenken. Allein schon die Tatsache, gesundheitliche Besserung zu erfahren, ist einen Versuch wert. Wer will schon krank bleiben, wenn er auch gesund sein kann? Der Mensch sollte sich einfach mal auf eine Erfahrung mit den DREI BLATT einlassen, auch wenn er vorher nicht bestimmen kann, was er erleben wird. Außer dabei zu sein, wird nichts von ihm verlangt. Aber gewinnen kann er alles, mehr, als er sich vorstellen kann.

| Freiheit heißt, frei zu sein.

Das Leben in Freude zu verwandeln, ist die Aufgabe des Menschen hier auf dieser Erde. Ein Festival der Liebe daraus zu machen, damit sich das Hiersein lohnt. Ist der Mensch bereit, sich dem Leben zu stellen, es aus der tiefsten Tiefe der Verzweiflung hervorzuholen, um es in höchstes Glücklichsein zu wandeln? Er ist ausgereift und ausgeschlafen, um nun in seiner Klarheit dem wahren Leben zu begegnen. Gut umsorgt und im Geiste Gottes, so kann sich innerer Frieden ausdehnen, der bis jetzt in Grenzen gehalten wurde.

Aus quälenden Fesseln hat sich der Mensch befreit, keinerlei Böswilligkeit ist mehr in ihm vorhanden. Hat der Mensch das Neidgefüge in sich zerstört, redet er nur noch von seinem Glück, welches er sich selbst erschaffen hat. Sich in der Freude auszuleben bedarf vieler Glücksmomente. So reich, wie man an Liebe sein kann, so arm kann man sie auch erfahren. Man hat sich schneller in der gedanklichen Freiheit eingesperrt, als sie gedankenlos zu leben. Was soll der Mensch mit seinem Leben machen, wenn er nicht einmal weiß, was es bedeutet? Hat man sich selbst aus einer leidenden Gesellschaft ausgestoßen, kann man froh darüber sein, für sich einen Weg gefunden zu haben. Nicht alle Schmerzen enden in einem Erkenntnisweg. Das kleine Stück, das der Mensch von sich kennt, lässt ihn noch lange nicht allwissend sein. Verbindet der Mensch sich mit der Allmacht Gottes, so wird er glaubhaft in seinem Reden. Drei Worte reichen aus, sie sind sein Leben – die DREI BLATT tragen die Worte: »Ich liebe mich!« in sich. Woher will der Mensch sonst wissen, was Liebe ist?

Eingeäschert hat der Mensch sich selbst, er ist erstickt am äußerlich, sich wissend gebenden Gedankengeschwafel. Wäre nur ein einziger Gedanke ausgeblieben, könnte der Mensch mit sich reden. Aber er hat zu viel Zeit verbracht in gedanklich überfüllten Räumen, deshalb findet er kein offenes Fenster, das Luft zum Atmen hereinließe. Bevor er geboren wurde, stand sein Weg schon fest. Wenn er ihn nicht findet und ihm nicht folgt, kann er nur noch hoffen. Gottes Gnade kann bewirken, dass der Mensch gesegnet durch sein Leben geht. Allein das unerwartete Geschehen der DREI BLATT, das sich zeigt, trägt dem Menschen seine Richtigkeit zu. Sich einzuordnen, sich unterzuordnen, ohne einen Zwang zu spüren, ohne es verstehen zu wollen, weil das Sich-Ereignende das geführte Sein ist – das ist sein Leben.

Sobald der Mensch sein Denken in eine Beziehung einfließen lässt, hat er sie schon zerstört. Übt er gedankliche Macht und Gewalt aus, macht er aus ihr einen Kuhhandel. Wie kann eine Frucht am Baum reifen und süß schmecken, wenn sie schon grün gepflückt wird? Wie kann sich der Mensch entwickeln, wenn ihm die Grundlagen dazu fehlen? Der Kraft der Liebe anzugehören, sie in sich zu spüren und aus ihr heraus zu leben, daraus bezieht der Mensch seine Wirklichkeit. Mit den glaubenswürdigen Worten »Ich will mich selbst erfahren!« hat er schon alles getan, um Wahrhaftigkeit zu erlangen. DREI BLATT – konfrontiert mit sich selbst, darin muss er sich zurechtfinden. Über Jahre hinweg abgelehnt vom eigenen Denken, fordern die DREI BLATT jetzt den Menschen auf, die Arme breit zu machen und bereit zu sein für eine Selbstumarmung. Wer kann und will das gleich von heute auf morgen? Nach einem Leben voller Berührungsängste und Kontrollzwänge ist nun ein langer Lernprozess vonnöten, um wieder herauszufinden aus der Geißelung der Gedanken. Selbstachtung ist die erste Voraussetzung. Die Liebe, sie will nicht erzählt werden, sondern gelebt zu werden, ist ihr Bedürfnis und ihre Bestimmung.

Der Mensch hingegen gebraucht sie immer dort, wo sie für ihn am günstigsten erscheint. Wo er meint, Vorteile zu erlangen oder körperliche Entspannung zu erzielen. Bei diesem gedachten Getue ist nirgendwo die Liebe im Spiel. Nicht einmal im Ansatz zeigt sie sich darin. Zwecklos sind alle diese Unterfangen, die man fälschlich in die Kategorie der Liebe einordnet. Weiß der Mensch wirklich, was Liebe ist? Was es heißt, zu lieben oder geliebt zu werden? Ist sie ihm schon einmal in seinem bisherigen Leben begegnet, oder hat er sie vielleicht nur aus der Ferne gesehen? Es werden wohl eher seine vorgegaukelten Gefühle sein, die ihn an der Nase herumführen.

Um der Liebe zu begegnen, muss man sich der Reinheit der Gedanken gewidmet haben. Der Mensch sollte keinen Anstoß daran nehmen, dass alles, was er besitzt, nur er selbst ist. Dieses wenig Erscheinende, was doch so viel bedeutet, ist alles, was den Menschen ausmacht, und nicht mit Gold aufzuwiegen.

Sind Frieden und Eintracht im Menschen, ist er König aller Könige.

Es werden immer mehr Menschen mit der Erfüllung ihrer Träume konfrontiert. Das Leben zeigt sich in seiner Wirklichkeit auf, indem es hält, was es verspricht. Der Mensch erfährt mehr über die Planung seines Lebens und deren Umsetzung in der ihm angezeigten Realität. Jeder Traum trägt einen kleinen Teil der Wirklichkeit in sich, man muss es nur erkennen. Man sollte auf sein Leben genauer schauen, um herauszu-finden, was es zu sagen hat. Dann weiß man auch, woran man ist mit seinen Gefühlen. Der Mensch kann sich erst ganz von Gedanken frei machen, wenn er weiß, wohin er zu gehen hat. Wenn ihm sein Leben verständlich geworden ist in der Gefühlstiefe. Wenn der Mensch aus-gelotet hat, was er will, was er kann und was er tun sollte. Läuft alles über die Schiene seines freien Seins, hat er die richtige Wahl getroffen. Sobald er Gespräche mit Gott führt, wird er immer ein Teil von ihm sein.

Das Getrenntsein hat ein Ende gefunden. Wie oft der Mensch sein Leben noch überprüfen will, steht ihm frei. Er hat nur eines in diesem wunderschönen Körper. Jede Botschaft, die ein Traum bereithält, hat mit seinem Leben zu tun. Es gibt immer mehrere Wege, doch einer davon ist der erkennende. Jener, der das Leben heller erscheinen lässt, und dafür sollte sich der Mensch entscheiden.

Sag der Liebe, dass du sie liebst! Sie wartet darauf, dass du dich für sie entscheidest! Wählst du die richtigen Worte, sind sie gekennzeichnet von Unbestimmtheit und freier Wahl. Worauf wartest du noch? Lange genug hast du geschlafen, und in deine Zukunft wirst du nicht blicken können. Du musst dich erst noch aus der Vergangenheit herauslösen, um in den heutigen Tag zu kommen. Unzählige Male wirst du Entschei-dungen treffen müssen, und immer sind sie richtig, weil sie dein Leben betreffen. Vorwärts zu kommen, hat immer etwas mit Loslassen zu tun. Je weniger Gedankenlast du mit dir herumträgst, desto beflügelter gehst du durch die Welt.

Ohne zu wissen, was du tust, machst du es einfach. Aus der Gewohn-heit heraus oder angeboren. Wie sollst du da erkennen, wer du bist und wer du nicht bist? Oft überschneiden sich Tag und Nacht, beide sind deckungsgleich. Das ist dieser Irrgarten, der sich im Leben zeigt, aus dem du herausfinden musst. Oft ist ein selbst verursachtes Gefühlschaos der Grund für das Chaos im Leben. Ihm musst du auf die Schliche kommen, um es zu beheben. Energiemangel führt jedoch dazu, dass du kraftlos bist, obwohl du dich trotzdem fortbewegen willst. Wohin und warum? In der Mutlosigkeit tun sich keine Chancen auf für deine Veränderung.

Du kannst nur zu dir selbst gelangen, indem du die letzte Spur deiner Fremdherrschaft beseitigst. Dann kehrt auch die Kraft zurück, die dir ermöglicht, dein inneres und äußeres Chaos zu beseitigen. Nutze deine Fähigkeiten, die Gott dir geschenkt hat, so wirst du stark genug sein, um mit dem Ego Frieden zu schließen.

| Heilung ist immer Selbstheilung.

Du musst dich neu sortieren, neu erfinden und dein Leben jenseits deiner Gedanken gestalten. Alles Reden ist dabei nutzlos. Das, was Gefühle sagen können, ist über keinen einzigen Gedanken auszudrücken. Erst wenn du aus nichts mehr bestehst, was dich im Außen zusammenhält, hast du die gedankliche Freiheit erlangt, die du schon immer angestrebt hast. Leergeräumt von Denkstrukturen lohnt es sich, deinen Weg zu gehen. Deine Befreiung in dir wird sich zum Weltfrieden ausweiten. Weder Feigheit noch Ängste haben darin Platz. Ein menschenfreundliches Klima kannst du dir nur selbst erschaffen, indem du deiner Intuition folgst.

Der Mensch muss anfangen, jede seiner Körperzellen zu lieben, sich bis ins kleinste Detail mit sich selbst auseinanderzusetzen. Die positiven Schwingungen tragen zum Wandel seines Wesens bei. Der Tag lügt den Menschen nicht an, er ist das Offene und Verständliche, was dem Menschen begegnen kann. Was am Morgen noch als wahr erschien, muss am Abend nicht mehr wahr sein. Die Sichtweise verändert sich ständig, jeden Moment entsteht Neues.

Sind Körperzellen mit zu viel negativer Gedanken-Energie beladen worden, verbrennen sie. Das Krebsfeuer ist entfacht. Der Mensch hat es selbst getan, indem er sich mit unnützen Gedanken belastet hat. Diese wird er nicht wieder los, weil sie sich in den Körperzellen festgefressen haben und damit für deren Entartung sorgen. Sie verdoppeln sich und wuchern. Zu alledem ist der Mensch selbst imstande, wie auch, sich selbst zu heilen. Eine einfache Weise wäre Negativität in Positivität zu verwandeln. Die DREI BLATT befreien ihn aus der Knechtschaft des Ego, fast wie mit einer Schocktherapie für das Selbst, aber wirksam für den Körper. Dem Krebs wird der negative Nährboden entzogen und ein positives Stimmungsfeld geboten. Um dies zu verarbeiten, braucht der Körper Zeit, es wird ja schließlich jede Zelle umprogrammiert.

Je weniger der Mensch denkt, umso mehr weiß er und umso schneller heilt er. Was er weiß, reicht aus, er muss es nur richtig anwenden. Erklärt er sich bereit, die DREI BLATT täglich anzuschauen, wird er immer auf dem Laufenden sein und keine Sekunde seines Lebens verpassen. Der Mensch wird vom Krebs aufgefordert, zu sich selbst zu stehen, sich anzunehmen, um sich verändern zu können. Der eigene Wille ist der Schritt zu seiner Heilung – mit sich reden, schweigen, meditieren, einfach das tun, was er selbst ist.

Die Weissagung der Gefühle ist dem Menschen schon über Jahrhunderte hinweg bekannt. Alles zu wissen, glaubt der Mensch, zumindest fast alles, nur wendet er sein angebliches Wissen nicht einmal an. Zu viel Glauben steckt überall drin, deshalb kann es nicht realisiert werden.

Die Liebe singt uns jeden Tag eine Melodie vor, doch wir hören sie nicht. Ist der Mensch taub geworden auf beiden Ohren, was den Klang seines Lebens betrifft? Hat er vergessen, die Schönheit des Lebens in seinen Klängen wiederzufinden? Allein die Musik kann mit der Seele kommunizieren, alles andere ist ihr zur Last und Unverständlichkeit geworden. Jeder Mensch trägt eine Melodie in sich, es ist der Schlag seines Herzens. Das Herz ist der Komponist der Melodie der Sinne, des Glücks und der Erhabenheit. Der Mensch ist nur der Überbringer, er darf sie begleiten. Der Mensch muss nicht singen können, die Melodie des Herzen klingt von alleine. Der Mensch braucht nur zuzuhören, er wird überrascht sein, was sie ihm sagt.

Verbinde dich mit deiner Liebe und verliebe dich aus tiefsten Herzen heraus in dich selbst! Die Zuneigung, die du dir selbst schenkst, zahlt sich in einem gesunden, erfüllten Leben aus. Das ist der Beweis der Gotteskraft, die in dir steckt. Du ahnst ihr Vermögen, welches dich beseelt, doch noch fehlt dir der Überblick über seine Reichweite. Wen Gott liebt, der braucht nichts zu befürchten. Gott zeigt immer die Wege auf, die voller Ehrfurcht und Danksagung zu gehen sind. Ein von Gott beseelter Mensch lebt in Liebe. Ist erfüllt von sich, von der Welt und vom Leben. Es gibt keinen Gott, der die Welt errettet oder ihr Frieden schenken kann. Der Mensch trägt alles in sich selbst, was er braucht, um Gott zu sein – menschlich und friedlich. Alle Friedensaktionen der Menschen sind gegen den Frieden. Sie bekämpfen bloß im Außen etwas, das nur ihrer Vorstellung entspricht. Sie wollen zwanghaft etwas erreichen, was nicht erreichbar ist. Kampf erzeugt Gegenwehr, so wird das ewige Hin und Her bleiben, bis alles zusammenbricht. Bis der Mensch gar nicht mehr weiß, was er ursprünglich einmal wollte, weil er sich verrannt hat.

Er hat das Nichtstun vergessen, was ihm inneren Frieden und Freiheit bringen würde. Solange er mit dem Reden nicht aufhört, wird er niemals Frieden haben. Jedes Wort zertrampelt ein Stück Wahrheit, aber der Mensch will ein Redekünstler sein. Mit den leisen Worten der Stille umzugehen, hat er nicht gelernt. Er schreit lieber seine Unzufriedenheit durchs Leben, als schweigsam zu leben. Höflichkeit sich selbst gegenüber will erlernt sein. Wie soll der eigene Körper erfahren, dass er unendlich geliebt wird, wenn er nicht höflich behandelt wird, wenn er keine Streicheleinheiten erfährt. Das, was ich in Liebe gebe, wird in Liebe angenommen, und dankend kann ich es wieder zurückbekommen. Glück baut sich auf Liebe auf und Unfrieden auf Streit. Sich mit sich selbst auszusöhnen, ist der Weg der Weisheit. Ich liebe mich selbst sowohl in der Finsternis der Nacht als auch am hellen Tag. Ich bringe mir Blumen jeden Tag, damit sich mein Herz erfreut. Das Leben will auf Händen getragen werden, jede Liebeserklärung tröstet es aufs Neue.

Die Sprache Gottes zu erlernen, bedarf es viel Zeit. Sie ist zwar nicht kompliziert, doch wählt sie andere Worte als die, die der Mensch gelernt hat. Es sind zarte, einfühlsame und leise, an die Liebe angelehnte sprachliche Gesten. Der Mensch verbraucht sich darin nicht. Weder Anstrengung noch Unverständnis bauen sich darin auf. Ein Nahsein der besonderen Art drücken sie aus. Die Sprache Gottes hört sich an wie eine Fremdsprache, wenn man es nicht gewohnt ist, mit seinem Herzen zu kommunizieren. Ob laut oder leise, man spürt darin, was gesagt wird. Man empfindet die Worte im Klang und in ihrer Wirkungsweise.

Gottes Sprache schenkt dem Menschen viel Normalität, doch der Mensch ist davon oft überrascht. Was für ihn wie eine Fremdsprache klingt, ist jedoch sein tiefstes inneres Empfinden. Er weiß es bloß nicht. Ungewohnt und unverständlich scheint das Gesagte, weil es noch nie gehört wurde. Der Mensch muss sich jetzt mit Worten auseinandersetzen, die keine Deutung mehr brauchen. Sie sprechen den Gleichklang des Herzens, sind anziehend und umarmend.

Wenn ein Mensch Gottes Sprache spricht, wird er oft nicht verstanden. Er benutzt keine denkenden Worte mehr. Man meint dann, er sei »von einem anderen Stern«. Diese von Gott geführte Sprache findet auf einer geistigen Ebene statt, sie ist nicht im Kopf angelegt und erdacht, weder konzipiert noch errechnet. Sie ist nur messbar über ihre Schwingung. Der ganze Körper spricht diese Sprache, deshalb könnte sie so verständlich sein, doch vom Kopf her wird sie nicht verstanden. Sich auf der göttlichen Ebene zu bewegen, bedarf eines freiwillig geöffneten Herzens. Unbemerkt tritt der Mensch aus seinen Lebensmustern heraus, die gar nicht seine eigenen waren.

> **Wer der Liebe dienen möchte,**
> **muss ihr auch angehören.**

Wer dem Ruf Gottes folgt, hat die göttliche Sprache verstanden. Das Fühlen und das Spüren ist das Einzige, was den Menschen interessieren sollte. Geht er damit auf Entdeckungsreise zu sich selbst, wird er sich im Herzen erkennen, aufnehmen und leben. Plötzlich verliert alles Frühere an Bedeutung. Der Sinn des Lebens spielt stattdessen eine große Rolle für den Menschen, weil er mental gereift ist und sich im Vergessen weiterentwickelt hat. Es laufen in ihm Prozesse ab, die die Weltgeschichte mit schreiben, weil sie der Wahrheit entsprechen. Der Mensch erforscht nicht mehr den Weltraum, weil er erkannt hat, dass er selbst das Universum ist. Um nichts zu sein, muss man erst jemand gewesen sein. Das geschöpfte, schöpferische Gebilde »Mensch« existiert auf der Grundlage des Nichts. Das Wissen darüber wird aber erst interessant, wenn es nicht mehr gebraucht wird. Wenn es im Menschen lebt und er darin lebt.

Natürlich gibt es Voraussetzungen, dieses Nichts zu erschaffen. Da kommt die Selbstliebe ins Spiel, sie ist ein Urinstinkt im Menschen, der keine Worte spricht, aber »Ich liebe mich!« sagt. Er bildet die Ebene des Verstehens, auf der der Mensch keine Erklärungen mehr benötigt. Er kann mit Worten nichts mehr anfangen. Er fühlt vorher schon, das was gesagt werden soll. So lautlos und verständlich hat er noch nie gesprochen, wie ohne den Gebrauch von Worten. Man könnte meinen, er hat die Kommunikation verlernt, weil er sich nur fühlend fortbewegt.

Unmenschlichkeit wird kein Thema mehr sein, das ihm auf seinem Lebensweg begegnet. Der Mensch legt alles das ab, was egal ist. Was sich dagegen sinnvoll ereignet, spricht ihn jetzt an. Er soll jetzt schweigen, das ist eine der Anforderungen, die das Leben an ihn stellt. Eine Gehmeditation ist unterhaltsamer als vieles Reden, sie trägt das Grün der DREI BLATT in sich. Wer erkannt hat, dass Schweigen die Sprache der Intelligenz ist, wird es zu etwas bringen. Wird ungebildet durch sein Leben gehen, nur mit Weisheit gestärkt. Allein dies reicht aus, um lebensfähig zu bleiben. Um dem Leben so viel abzugewinnen, wie es zu geben vermag.

Der Mensch ist ausgereift, auch wenn er sich momentan noch nicht so fühlt. Der Veränderungsprozess läuft automatisch in ihm ab, die Voraussetzungen und Grundlagen dafür hat er selbst geschaffen. Wenn er nach nichts mehr Ausschau hält, was er angeblich braucht, ist er angekommen bei sich. In seiner Bedeutungslosigkeit gewinnt der Mensch an Bedeutung. Niemand kann ihm mehr bieten, als die Fülle des Nichts ihm bietet.

Man sollte nicht einem bestimmten Glauben verfallen oder meinen, diese oder jene Religion bringe einem Gott nahe. Die DREI BLATT sind ein einfacher Weg zum unbestimmten Gott. Weder Denken noch Kopieren können ihn mir herbeizaubern. Gott »geschieht«, wenn der Mensch im Alleingang mit sich selbst lebt. Wenn der Mensch vom Bewusstsein her so weit ist, sich selbst ganz und gar anzunehmen, wird Gott sich ihm in ihm selbst offenbaren. Der Mensch sollte alle Ziele und Möglichkeiten, die es gibt, ihn zu erfahren, ausschließen. Gott ist nicht gewillt, einem konstruierten Denkprozess zu folgen. Egal auf welcher Ebene man ihn erleben möchte, dort befindet er sich nicht.

Jeder Mensch sollte seine DREI BLATT suchen, in die er sich vertiefen kann, um mit Gott zu reden. Diese hängen ziemlich hoch am Baum und müssen erst erreicht werden. In der Nacht geschieht vieles, sie reinigt den Menschen von Gedanken, die ihn tagsüber mental verschmutzt haben. Der Mensch sollte tagsüber, sooft es geht, seine DREI BLATT zu Hilfe nehmen, sie lassen ihn nachts besser durchschlafen. In jedem der drei Blätter täglich eine Stunde zu verweilen, sollte zu einer Angewohnheit werden. Wo und an welcher Stelle im Leben, das gibt Gott vor. Er spürt, wo seine Hilfe im gedanklichen Versagen gebraucht wird.

> **Jeder Mensch ist einzigartig.**
> **Jede Begegnung mit Gott ist eine Besonderheit.**

Man kann Gott nicht durch andere Menschen erfahren oder dadurch, dass man sich irgendwelchen Lernstrukturen hingibt. Alle Struktur ist bestimmend und einengend und hat mit der freien Göttlichkeit nicht im Geringsten etwas zu tun. Loslassen, sich fallen lassen, um in den Armen Gottes aufgefangen zu werden. Sich selbst begegnen und die eigene Identität fühlen. Nur so lässt sich Gott erleben, in der eigenen Selbstbestimmung und im Glauben an die eigene innere Göttlichkeit. Auf Lebenszeit wird Gott den Menschen führen, wenn dieser seine Augen geschlossen hält und nicht nach außen schaut.

Seinen eigenen göttlichen Weg zu gehen, sollte immer das Ziel sein, dann begegnet man Gott in innigster Umarmung. EIN BLATT, ZWEI BLATT, DREI BLATT. EIN BLATT, ZWEI BLATT, DREI BLATT. EIN BLATT, ZWEI BLATT, DREI BLATT. ...

Gott bringt die Freude in das Haus, welches man den »Körper« nennt. Um glücklich in seinem Haus wohnen zu können, muss man Gott einlassen und in seinen Frieden einstimmen. Sag dir immer wieder, was die Einmaligkeit deines Lebens dir bedeutet. Erinnere dich nicht daran, was das Leben dir vorher brachte. Bedanke dich nur für all die Schönheit, die du erleben durftest. Schönheit ist ein Schritt, den du brauchtest, um jetzt hier zu sein. Bereue keinen einzigen deiner bisherigen Tage, sie waren alle notwendig. Sie sind die Erfahrungen, die dich voranbrachten, um jetzt an dieser Stelle zu stehen. Freu dich einfach nur, diesen Weg gegangen zu sein. Ob schwierig oder leicht, nur das Weitergehen war maßgeblich. Was du jetzt empfindest, ist deine Wirklichkeit. Sie zeigt dir deinen Lebensweg.

Über die Monotonie der Blattzählung wirst du selbst herausfinden, wer du bist und was du mit deinem Leben noch anstellen möchtest. Ob du bereit bist, einer Veränderung zuzustimmen, um die Vielfalt die das Leben dir bietet, anzunehmen. Wenn jeder Mensch nur die Dinge regeln würde, die ihn persönlich betreffen, wären Kriege jeglicher Art ein Fremdwort. Gestärkt würde jeder aus sich selbst hervorgehen, weil er keine unnütze Kraft vergeudet. Du kannst kaum genug Blätter-Zählen, um dich gedanklich zu reinigen. Ausdauer wird mit Selbstliebe belohnt. Findungsprozesse sind oftmals langwierig und anstrengend, doch allein das Anfangen hilft, die Veränderung anzunehmen. Deine weitere Entwicklung ist in dem weiteren Geschehen enthalten. Je weniger du dich gedanklich in deine Entwicklung einmischst, desto erfolgreicher werden deine Schritte sein, die du zu gehen vermagst.

Stehen zu bleiben, ist keine Kunst.
Weiterzugehen ist die Herausforderung.

Du bist nur einen Schritt davon entfernt, geheilt zu werden. Dein Glaube an dich selbst bewerkstelligt es. Dieses Wunder vollzieht sich von allein, es benötigt nur deine Willenskraft. Über den Impuls »Ich will!« kann alles geschehen. Außergewöhnliche Dinge geschehen in unerwarteten Situationen. Du erfährst deine Normalität nach und nach, weil du sie vorher nicht ertragen konntest. Bist du bereit, dich mental zu verändern, ist auch Gott bereit, dir dabei zu helfen. Du erhältst mehr Unterstützung, als du je erfahren hast. Es wird jede Schwere deines Lebens in Leichtigkeit verwandelt, indem du deinen Worten eine andere Bedeutung gibst, sie mit Liebe und Gelassenheit füllst. Dann kommt deine innere Schönheit zum Tragen.

Der Wald steht voller Bäume, und jeder Garten hat welche. Scheinbar hängen keine Blätter daran, jedenfalls sieht der Mensch sie nicht. Würde er ihnen begegnen, dürfte er einen einfacheren Weg einschlagen. Dabei ist schon weniger Worte zu machen ein Schritt. Dieses Einsehen genügt bereits, um das Leben zu drehen. Der Mensch hält sich so gerne in der Natur auf und weiß doch nichts mit den Blättern anzufangen. Sie sind ein Geschenk Gottes, das sollte er wenigstens wissen.

> **Während der Mensch noch sein Leben plant,**
> **ist es schon vergangen.**

Jeden Regentag sollte der Mensch nutzen, um in die Stille zu gehen. Die Natur erhält einen Segen von oben, und der Mensch reinigt sich von innen heraus. Jeder Regenschauer erinnert daran, einmal innezuhalten und auszuruhen. So wie die Natur es tut, wenn sie im Regen tief durchatmet. Wasser und Ruhe geben neue Kraft, das Befinden verbessert sich in kurzer Zeit. Die Jahreszeiten geben den Rhythmus vor für die Ruhephasen der Natur. Auch der Mensch lebt nach einem Rhythmus, daher sollte er sich beizeiten schlafen legen. Ausgeruht ist der Mensch nur, wenn er die Ruhe der Nacht auch ausschöpft.

Wenn der Mensch sich noch einmal entscheidet, sein Leben von Neuem zu beginnen, kommt er nicht an den DREI BLATT vorbei. Ein neuer Beginn heißt, sich von allem Alten zu lösen. Es ist so, als ziehe man von einem Haus in ein anderes, ohne ein einziges Möbelstück mitzunehmen. Ohne einen Hauch von Erinnerungen an irgendetwas. Ein Neubeginn bedeutet, aus dem auszusteigen, wer man zu sein glaubte. Sich angekommen zu fühlen, als wäre man gerade erst geboren worden. Man weiß noch nichts vom Leben, man muss erst alles neu lernen. Sich selbst zu begegnen, ist dabei die Herausforderung. Man denkt, man ist allein, dabei ist man gut aufgehoben in sich selbst. So beginnt Veränderung.

Den Menschen lenken positive Energien, er wird geführt. Sein Gefühl macht ihn auf sich selbst aufmerksam. Er weiß, was zu tun ist, ohne zu wissen, was er tut. Emotionen sind dabei seine Sensoren, sie führen ihn über die denkende Ebene hinaus. Was er spürt, ist er selbst, und alle anderen Menschen gehen ihn nichts an.

Die vielen Sterne am Himmel sind Energien, die der Mensch braucht, um sich in Balance zu halten. Sie füllen ihn über Nacht auf, machen ihn stabil und widerstandsfähig. Dazu kommen noch die Energien von Sonne und Mond, sie stärken sein Immunsystem und helfen ihm, sich dem Lebensrhythmus der Erde anzugleichen. Die universellen Energien leiten den Menschen an, in Bewegung zu bleiben. Sich an die Strukturen des Lebens anzupassen, damit er sich mühelos darin bewegen kann. Der Mensch kann alles, was ihn umgibt, nutzen, um sich zu stärken.

Der Mensch ist zwar viel zu klein, um die Welt zu verändern, doch er ist in der Lage, sie energetisch zu stabilisieren. Er ist so konzipiert, dass er mit seiner Energie die Welt unterstützen kann. Somit gibt er ihr das Gefühl, sie zu lieben, zu achten und zu verstehen. Energetisch kann der Mensch Veränderungen vornehmen, die seinen Bewusstseinszustand betreffen und den Stufen der Evolution entsprechen, die der Mensch bisher noch nicht erreicht hat. Wer die eigene Kraft hat, sich in der evolutionären Entwicklung fortzubewegen, beendet auch die Instabilität der Welt, weil er gesund lebt. Das heißt konkret, nichts zu tun, sondern sich energetisch führen zu lassen und ein Teil des Ganzen zu sein.

Zu erkennen, wie er schöne und erfüllte Tage leben kann, ist die Aufgabe des Menschen. Sich wohlzufühlen und sich zu spüren, ist das Ziel. Man wird als Mensch geboren und sollte auch menschlich leben. Sich im eigenen Leben zu befinden, sollte normal sein. Sich selbst anzunehmen und sich nicht ausgestoßen zu fühlen, ist erquickend. Sich selbst fremd zu sein, gehört der Vergangenheit an, man erkennt seine universelle Herkunft.

Verlässt der Mensch seinen durch Gedanken begrenzten Lebensraum, wird er Dinge erfahren, die weit mehr sind, als er denkend erwarten kann. Es eröffnen sich für ihn Möglichkeiten, sein Leben zu gestalten, von denen er bisher nur geträumt hat. Die Zwangsjacke, die ihm sein Ego angezogen hat, darf er jetzt ablegen. Sich in Regionen zu bewegen, die vom Denken unberührt sind, bedeutet einen Schritt ins freie Leben.

Das Einzige, was den Menschen so frisch und munter hält, ist sein eigenes Energiegefüge. Es sorgt für Vitalität, Kreativität und Spontanität. Es bringt den Lebenswillen hervor und sorgt für angemessene Lebensfreude. Da der Mensch sein Energiepotenzial selbst bestimmen kann, ist er auch in der Lage, damit gesundheitliche Wunder zu vollbringen. Er kann sich nicht nur selbst heilen, er ist auch in der Lage, andere gesund zu machen. Durch Energie-Übertragungen werden Menschen, die weniger Energie besitzen, gestärkt. Ihr Energie-Niveau wird angehoben, und gleichzeitig werden sie geheilt.

Jeder einzelne Mensch ist in der Lage, Energie zu empfangen und zu geben. Im Wechsel von Geben und Nehmen bauen sich besonders effektiv heilende Energie-Strukturen auf. Sind diese Fähigkeiten erst einmal im Körper verankert, wirken sie ein Leben lang. Der Mensch erklärt sich bereit, sich mit dem Universum zu verbinden, somit wird er nach Bedarf mit Energie versorgt. Schon der Glaube daran setzt das Gefühl dieser Verbundenheit in Kraft. Der Mensch ist in den energetischen Kreislauf der Erde und des Universums eingebunden. Mit der Zusage »Ich will!« ist er Teil dieses gigantischen Energie-Systems und wird es für immer bleiben.

| Der Mensch ist Energie,
| und es ist seine Bestimmung, energetisch zu leben.

Der Mensch sollte mit sich selbst über seine Gefühle reden können. Über die Körpersprache kann er sie ausdrücken, so kommen gar nicht erst Missverständnisse auf, sondern es herrschen Wahrheit und Klarheit. Je mehr der Mensch sich mit sich selbst beschäftigt, umso mehr wird er sein Selbst verstehen. Seine Gefühle sind das spontanste Verständigungsmittel überhaupt. Sich sicher darin zu fühlen, ist lautlose Sprache. So viele Hinweise liegen in einem einzigen Lächeln, das mit nichts anderem zu vergleichen ist. Das Lächeln erfährt der Mensch beim Zählen der DREI BLATT.

Wie so vieles im Leben muss der erwachsene Mensch das Lieben und Lachen erst wieder neu lernen. Seit der Geburt zwar in ihm angelegt, hat er die Freude doch vergessen. Wenn das Herz sich freut, zeigt es dies über die Augen an. Sie sind das Fenster zur Seele und reden Klartext. Im Lächeln liegt die Herzenstiefe. Es beginnt in den Augen und ergreift dann den ganzen Körper, sodass er sich entspannt. Genauso macht es die Liebe: Sie ist ein Gefühl, das den ganzen Körper durchzieht und ihn trunken durch die Nacht segeln lässt. Hat der Mensch einmal beschlossen, sein Lächeln zu zeigen, lebt er beherzt und fühlt sich wohl. Er muss nur zulassen, dass sich sein Herz öffnet, dann spricht es von ganz allein.

Im inneren Reichtum zu leben, heißt, aus der gedanklichen Armut herauszusteigen. Das Armutsgelübde endlich zu brechen und die Zufriedenheit zu integrieren. Das heißt, Fülle zu empfinden in sich selbst. Alle Anhaftungen an Gedanken oder Äußerlichkeiten sind eine Schwere, die geistig und körperlich krank macht. Ohne, dass der Mensch etwas sagt, hat er unzählige Worte gesprochen in der Sprache der Liebe. Tief begehrend und vom Glück umworben. Die Liebe besitzt alles das, was das menschliche Denken nicht vollbringen kann.

Wenn der Mensch sich vornimmt, eine längere Zeit an sich zu arbeiten, schafft er es, gedanklich sauber zu werden. Er befreit sein eigenes

Leben aus einer Gedankenzange. Unaufhörlich muss er sich der Selbstliebe zuwenden. Sie Tag und Nacht anbeten, damit sie sein Eigen wird. Nur ihr zu folgen, ist die einzige Chance, um glücklich zu werden. Der Liebe so lange nah zu sein, bis er spürt, dass es die einzige Möglichkeit ist, das Leben in seiner Wirklichkeit zu erfahren. Unerwartet wird er Zeuge eines Selbstheilungsprozesses. Er gelangt so nah an sich selbst heran, dass er glaubt, Gott zu sein. Der Mensch nimmt Anteil an seiner eigenen Veränderung, die er selbst erschaffen hat. Er gelangt zu einem Verständnis, das sich aus ihm selbst heraus ereignet.

Die Gefühle spielen dabei eine bedeutende Rolle. Sie lenken seine Aufmerksamkeit auf die eigene Wahrnehmung. Je intensiver sein Glaube an sich selbst ist, desto tiefer gelangt er in seine Gefühlsebenen hinein, desto ergiebiger und erfüllender erlebt er sein eigenes Empfinden. Es entsteht daraus eine Leidenschaft, die er fühlt, nicht nur denkt.

Die DREI BLATT-Zählung ist dazu da, dem Menschen zu helfen, seine Lebensvorgänge bewusster zu regulieren. Nicht alles das hinzunehmen, was vorgegeben scheint. Alles das zu vergessen, was sein Ego ihm einflüstert. Dieser kleine Trick lässt den Menschen über sich selbst verfügen. Er ist auf niemanden angewiesen und scheut sich auch nicht davor, selbstbestimmt zu leben. In den Modus der DREI BLATT eingebettet, gibt er sich einer Lebensführung hin, die hilfreich und ernüchternd ist. Er ist auf die DREI BLATT zwar nicht angewiesen, doch er sollte ihnen in dem Maße Beachtung schenken, wie er sich Liebe wünscht.

Die DREI BLATT werden immer eine Lösung sein. Weder das Denken noch die Ängste haben eine Chance, sich im Leben des Menschen zu behaupten, wenn er die Kraft der DREI BLATT nutzt. Sie verändern alles, simpel und lebensfroh kann er sein. Probleme hatte er gestern, heute darf er an sich glauben und seiner Selbst-Umarmung vertrauen. Indem er die Wahrheit sagt und nicht mehr lügt. Die Weisheit seines Herzens reicht aus, ihm Orientierung im Leben zu geben.

Die DREI BLATT arbeiten generell auf der Basis der Ursachenforschung. Sie gehen jeder erkrankten körperlichen Erscheinung so tief auf den Grund, dass der Mensch oftmals in Tränen ausbricht vor Freude, wenn er die Ursachen erkennen und loslassen kann. Ursachen-Erkennen, Loslassen und Heilung stehen in enger Verbindung miteinander. Würde der Mensch sich mit Gedanken noch dazwischenschalten, würde er seine interne Gesundheitsformel nicht erkennen und in Anwendung bringen können. Liebe und Gesundheit bedingen einander, und nur sie sorgen für ein ewiglich glückliches Leben.

Wie kann man Glück verschenken? Indem man die Freude weitergibt, die sich in einem befindet. Indem man liebe Worte aussendet oder eine Geste, die angenehm erscheint. Sich im eigenen Glücklichsein zu bewegen, ist ein Zustand des inneren Aufgeräumtseins. Mit geöffneten Armen empfängt man das Leben, um darin zu tanzen. Man reißt andere Menschen mit, die schon am Morgen missmutig dreinschauen. Man vermittelt ihnen: Wie man den Tag empfängt, so gestaltet er sich. Sich bei der Nacht dafür zu bedanken, dass man gut geschlafen hat, und den Morgen zu begrüßen, der einen geweckt hat, ist ein gesunder Weg. Nur so kehrt Zufriedenheit ein und Unbekümmert-Sein kann sich ausbreiten.

Der Mensch kann sich selbst heilen, indem er seine Einbildungskräfte und das Gedankenkonstrukt verändert. Er muss sich mit Gott verbinden und die eigene Göttlichkeit aus sich selbst heraus erschaffen. Der Mensch ist Gott, so muss er sich fühlen, sich leben und bewegen. Dieser gedanklich schwerelose Raum macht ihn zu einem Geschöpf der geistigen Art. Wer sich einmal Gott versprochen hat, wird immer bei ihm bleiben wollen. Wer tauscht schon gerne Liebe gegen Verzweiflung ein? Egal, wie hart das Leben auch erscheinen mag, der Mensch kann sich selbst retten, indem er an sich glaubt. Wir sind alle Geschöpfe Gottes und mit unendlich viel Energie ausgestattet, die zur selbst Heilung genutzt werden kann.

Der Mensch muss nicht mehr kämpfen, die Zeit der Gedanken-Kriege ist vorbei. Er sollte sich jetzt den Heilverfahren widmen, die Körper, Geist und Seele in Einklang bringen. Es geht um den Frieden im Innern, der jahrelang gefährdet war. Der Mensch kann sich reinwaschen, indem er sich selbst bittet, die Unachtsamkeit zu verzeihen. Das Alter spielt dabei keine wesentliche Rolle, den Zugang zu sich selbst kann jeder freiräumen. Was nützt dem Menschen ein dickes Bankkonto, wenn er sein Glück nicht freischaufelt? Der Mensch ist verraten und verkauft – ohne Liebe! Liebe ist sein einziger Lichtblick, und diesen Sonnenstrahl findet er in den DREI BLATT.

Mit dir selbst ein Bündnis einzugehen, ist der friedvolle Weg, der Heilung verspricht. Erfahre es am eigenen Körper und du wirst verstehen, was zu tun ist. Der Friedensapell an jede einzelne deiner Körperzellen ist das Ausschlaggebende, um immun zu bleiben. Findet diese Befreiung zum Frieden in dir statt, erlebst du den Wandlungsprozess, den Gott meint: »Sei du selbst!« Alle Bedeutung und Heilung liegt in deiner Selbsterkenntnis. Dass du dabei natürlich im Mittelpunkt stehst, darf offen ausgesprochen werden.

| Liebst du dich, liebst du die Welt.

Der Mensch ist täglich dabei, sein Leben zu verplanen, ohne es gelebt zu haben. Würde er es richtig planen, würde er es in Ruhe lassen. Er würde alle Ereignisse akzeptieren und geschehen lassen. Das, was der Mensch Planen nennt, ist das Umkehren der Wirklichkeit. Trägt sein Leben ein schwarzes Gewand, muss er ihm ein weißes geben. Die DREI BLATT sind das Einfachste und Freundlichste, was sich der Mensch je erdenken kann. Von ihnen lernt er, sich deutlich und angstfrei auszudrücken. Jede Antwort, die er braucht, findet er im Zugang zu sich selbst. Der Mensch lernt so viel Neues dazu, ohne die geringste Anstrengung seines Denkapparates. Er hält es kaum für möglich, das zu wissen, was ihm vorher keiner gesagt hat. Je intensiver und länger er sich in der Monotonie der DREI BLATT bewegt, desto entspannter wird sein Körper und sein Geist und sein Herz. Keine Massage kann diesen Tiefgang erreichen, kein Studium kann ihn so ausbilden, keine Beziehung kann ihn so nähren wie die Stille der DREI BLATT. Loslassen löst Verkrampfungen auf, die das Körper-Geist-Seele-System jahrelang verspannt haben.

Sich immer und immer wieder in diesen DREI BLATT gedanklich frei-zulaufen, bringt einen Heilungsprozess im Körper hervor, der von Dauer ist, weil er die Lösung der Ursachen bedeutet. Ohne dass der Mensch bewusst an seiner Heilung arbeitet, geschieht vieles von allein. Es sind seine körpereigenen Selbstheilungskräfte, die er in sich aktiviert. Sie bauen ihn nach und nach immer mehr auf, bis sie alle Körperzellen mit positiver Energie ausgestattet haben. Nichts im Körper löst mehr Hei-lung aus als die eigene Lebensenergie, die dafür vorgesehen ist.

| Heile dich selbst, und du bist geheilt.

Alles, was diese DREI BLATT tun, kann keinen Schaden anrichten. Ein-zig und allein das Bewusstsein des Menschen wird erweitert. Er fin-det darin all das wieder, was er braucht, um Glück zu erfahren. Die Lügen, die ihm sein Denken über Jahre hinweg erzählt hat, gehören der Vergangenheit an. Nichts bleibt davon übrig, nicht einmal mehr die Erinnerung dran. Alles das, was den Menschen über diese Zeit hinweg aufgezehrt hat, wird im Vergessen abgelegt. Der Mensch existiert jetzt nicht mehr aus der Vergangenheit heraus, dieses Drama funktioniert nicht mehr. Der Zugang zu seinen Gefühlen hat ihm neue Perspektiven eröffnet. Der Mensch weiß jetzt, dass er Gott vertrauen kann, weil er sich dadurch selbst vertraut. Wohin seine Reise auch geht, er ist immer in göttlicher Begleitung. Sein Bewusstsein macht eine spektakuläre Ver-änderung durch. Als würde der Mensch in eine neue Welt hineingebo-ren, wandelt er Fremdsein in Nähe und Mangel in Erfüllung.

Da der Mensch in seiner Vergangenheit nicht wirklich das gewesen ist, was er sich erdacht und erträumt hatte, ist seine Einsicht nun der bessere Weg zu innerem Frieden. Und doch erkennt er: Alles war genau richtig so, denn er brauchte es für seine jetzige Erkenntnis. Alles unter-lag seiner subjektiven Wahrheit, doch jetzt gilt es nicht mehr. Bringt der nächste Morgen die Erleuchtung, werden die Nächte niemals mehr finster sein. Sie erhalten einen hellen Schein, in dem sich der Mensch erkennen kann. Der Mensch hat unzählige Berge erklommen und Täler durchwandert, um an das Ziel seines Lebens zu kommen. Er will dem Glück begegnen. Er will der Liebe »Guten Tag!« sagen können. Ihr Auge in Auge gegenüberstehen können. Erwacht sein.

Sobald der Mensch versteht, das Leben Liebe bedeutet, wird sich seine Beziehung zu sich selbst verändern. Der tägliche Umgang mit der Liebe erscheint ihm nun als der Sinn seines Lebens. Er spürt die Einmaligkeit dieser Liebe, die im Übrigen jeder erfahren kann. Bereit dafür zu sein, ist alles, die Zeit spielt dabei keine Rolle. Der Mensch hat sein Erkennen erobert und versucht, sich darin zurechtzufinden. Sein Ebenbild hat er im Geiste schon erschaffen. Wie lange es dort ruht, wird sein Erwachen bestimmen. Ausgeschlafen zu sein, heißt noch lange nicht, erwacht zu sein. Dazu sind Schritte nötig, die zu gehen sind. Nicht in die gedankliche Welt hinein, dort findet er keinen Halt. Das Nichterkennbare zeigt den Weg auf.

Ein Besuch bei sich selbst lohnt immer. Man bekommt auf den DREI BLATT Informationen gereicht, die von größter Wichtigkeit sind. Interessante, lebensgestaltende Hinweise, die aufzeigen, was Liebe bedeutet. Man erfährt, was es heißt, im eigenen Leben zu sein, mit all der Schönheit, die es bereithält. Dem Leben das abzugewinnen, was es bereitstellt, und es für sich nutzbar zu machen, bedeutet, seinen Lebenszweck zu erfüllen. Die DREI BLATT-Informationen sind von unschätzbarem Wert. Nicht anders gelangt der Mensch so nah an sein eigenes Leben heran, als über die Öffnung seiner eigenen Sinneswelt: tief berührt zu sein von den eigenen Empfindungen, auszusteigen aus einer Welt, die nur fordert, sich einzulassen mit der eigenen Glückseligkeit.

Wie lange der Mensch noch braucht, um herauszufinden, dass dieses eine Leben nur ihm gehört, hängt von seiner Intelligenz ab. Den Ursache-Wirkung-Zusammenhang sollte er verstehen. Darin liegt ein besseres Sich-selbst-Fühlen. Sich so tief in sein Inneres hineinzubewegen, als wäre man das einzige Blatt am eigenen Lebensbaum, ermöglicht, die Einmaligkeit des eigenen Ichs auszuschöpfen. Alles, was aus sich heraus entsteht, hat ewigen Bestand. Der Mensch braucht sich nur einzuklinken in seinen Lebensfluss und sich treiben zu lassen. Es ist schon alles da, was er braucht.

Der innere Rhythmus ist gestört, wenn man nicht seiner Intuition folgt. Der Blättergarten der DREI BLATT, mit seinem immergrünen Fundus, sollte ein Leben lang gepflegt werden. Der Mensch kann alt werden, seine innere Weisheit kann ihm keiner nehmen. Je aufmerksamer er war im Leben, desto mehr Erfahrungen hat er gesammelt. Sie kommen ihm und den Menschen, die er liebt oder denen er begegnet, zugute. Von der Lebensweisheit eines Menschen zehrt jeder, der sich in seiner Nähe aufhält und etwas Verständnis dem Alter gegenüber aufbringt.

In der Gelassenheit trägt sich der Mensch. Durch die Aufmerksamkeit, die er seinem eigenen Leben zuteilwerden lässt, erhält sein Körper ein gesundes Energiepaket. Er hat sich herausgelöst aus dem Teufelskreis der wilden Worte, und das verschafft ihm ein Höchstmaß an Gesundheit. Was er jetzt auszudrücken in der Lage ist, ist erstaunlich. Er beherrscht das ganze Alphabet des Schweigens. Er muss nicht nach irgendwelchen Worten suchen, um deutlich zu machen, was er möchte. Sich in Schweigen zu hüllen, ist die deutlichste Sprache, die es gibt. Dadurch beherrscht der Mensch jede Sprache, die gesprochen wird auf der Welt. Verwendet er dazu noch sein Lächeln, versteht ihn jeder, der in seine Augen schaut.

Der Mensch, der am schweigsamsten ist, hat Gottes Sprache erlernt und hat am meisten zu sagen. Er spricht mit Engelszungen, die Güte verbreiten. Man sollte alles, was man gesehen und gehört hat, dem Vergessen zuordnen, somit bleibt man im Jetzt der freundlichste und glücklichste Mensch. Erst die Reinheit des Denkens bringt Gefühle hervor, die auf Ebenen entstehen, wo der Mensch in seinem gesamten Verhaltenskodex niemals hingelangen kann. Wer aus dem Schweigen eine Lebenseinstellung macht, wird der angenehmste Mensch sein, dem man je begegnen kann.

> **Sei die Stille und liebe Gott,**
> **so wird dein Leben erfüllt sein.**

Spürt der Mensch selbst, welche Gabe er besitzt, in aller Offenherzigkeit, so wird er ein Mensch sein, der Frieden schafft selbst in der kleinsten Zelle seines Körpers. Der Mensch erschafft Erstaunliches, aus dem Nichts heraus entsteht Gott in ihm. Es ist die Vergessenheit, die der Mensch in sich erschuf. Worüber soll sich die Welt sonst wundern? Nur ein einziges Mal wird er noch töten und den letzten Schrei seiner Vergangenheit hören. Dann hat er alles überwunden, was seinem Leben nicht entspricht.

Wie viel Liebe der Mensch für sich in Anspruch nehmen wird, entscheidet Gott für ihn. Er zählt all die Jahre zusammen, in denen der Mensch fleißig war. In denen er nur das tat, was Gott ihm sagte. In denen er einen Ego-Gedanken nach dem anderen tötete. In denen er das erschuf, was Gott als »freies Leben« bezeichnet – das Nichts. Aus nichts können keine Sorgen oder Unbequemlichkeiten entstehen. Sich selbst erschafft man nur einmal, aber dann auf Lebenszeit, und dies hängt mit dem Erwachen zusammen.

Als Kind hat er sich schon einmal erschaffen und sein Leben erobert. Es hat damals geklappt, warum jetzt nicht, wo er älter und erfahrener geworden ist? Warum soll der nächste Schritt in seinem Leben, der als der wichtigste erscheint, nicht funktionieren? Aufgestanden ist der Mensch, die ersten Schritte hat er gewagt. Jetzt ist es an der Zeit, weiterzugehen. Vorwärts, in die eigene Welt hinein, mit allem, was sie an Erfahrung bereithält.

Nur der Mensch zu sein, der man ist, mehr verlangt das Leben nicht. Einfach das alles abzulegen, was nicht dazugehört. Eine ganz wichtige Rolle spielt dabei der fremde Glaube. Er zerstört, zerbricht regelrecht das menschliche Herz. Man muss ihn überwinden und ablegen. Nur das, was einem eigen ist, vor allem die Gedankenleere, erhellt das Selbst. Alles, was man zu besitzen vermag, ist man selbst. Die Macht der DREI

BLATT besteht aus Leidenschaft, Hingabe und Enthusiasmus. Man wird der glücklichste Mensch sein, erfüllt leben, seine Ziele erreichen.

Viele kommen von diesem einfachen Weg ab, sie sind zu schnell beeinflussbar. Man muss nicht essen, wenn man keinen Hunger hat. Man muss nicht denken, wenn man satt vom Denken ist. Nur um etwas zu tun, um sich zu beschäftigen. Der Mensch sollte seinen Körper gebrauchen, nicht verbrauchen. Oft baut sich eine Sinnlosigkeit in Dingen auf, die man erst hinterher erkennt. Schafft er es, seine Gedanken zu ignorieren, baut er in sich das auf, was er lange schon vermisst hat: bedingungslose Liebe. Sie ist der einzige Halt, den er braucht, alles Denken schwächt ihn nur. Hat der Mensch diese Liebe in sich aufgesogen und sich selbst dazu bekannt, kann er sich selbst die Hände reichen und mit sich selbst einen Reigen tanzen. Hat er die Energie der Liebe einmal angezapft, will er sie nie wieder missen. Sie wird seine ständige Begleiterin sein. Liebe und Mensch sind die größte Einheit, die stärkste Zusammengehörigkeit. Kraftvoll und wissend. Warum nutzen dies nur wenige? Gott schuf diese Welt doch für alle in Liebe. Nicht jedes Menschen Bewusstsein ist so weit entwickelt, dass der Urzustand der Liebe erkannt wird. Aber trotzdem wartet auf jeden das Geschenk der unendlichen Liebe. Die Fülle liegt allen zu Füßen, man muss sie nur aufheben.

Jeder Mensch hat einen anderen Bezug zur Fülle. Es gibt genügsame Menschen und auch habgierige. Der Unterschied zwischen beiden besteht darin, dass der eine in Frieden lebt und der andere es nie schafft, zufrieden zu sein. Unzufriedenheit wirkt sich negativ auf die Psyche aus und beeinträchtigt die Gesundheit. Wer seinen Kampf mit dem Leben nicht beenden will, wird wohl auf dem Sterbebett noch mit ihm ringen wollen. Das Leben ist nicht als Kampf gedacht, der Mensch hat es bloß dazu gemacht und erfährt es auch gewaltvoll. Oft sind es die eigenen Krankheiten, die ihn in die Knie zwingen. Muss es erst soweit kommen? Dabei geht es auch ohne, auf friedlicher Basis. Die DREI BLATT leiten den Reifeprozess ein, der eine Mensch durchlebt ihn früher, der andere später. Alles braucht seine Zeit, so auch der innere Frieden.

**Der Mensch entwickelt sich ständig
in seine Offenheit hinein.**

Er wird getragen von der übermenschlichen göttlichen Kraft, die das Universum für ihn bereitstellt. Seine Danksagung dafür sollte täglich so groß sein, dass die heilende Wirkung in ihm selbst beginnt. Noch trägt er zu viele Schuldgefühle mit sich herum, noch glaubt er, sich selbst reinigen zu müssen, indem er leidet. Es ist aber nur eine Wahnvorstellung, die er noch nicht ganz ausgelebt hat. Irgendwann wird er geheilt sein, wenn er dieses Denken geheilt hat. Wenn er versteht, dass sein eigenes Denken sich unterzuordnen hat, weil er es nicht braucht, um seine Lebensfreude zu erfahren.

Der Mensch trägt so viel Licht in sich, dass er Tag und Nacht hell erscheinen kann. Sein eigener Wille genügt, um von diesem Licht Heilung zu erfahren. Die Worte »Ich will!«, ob nur gedacht oder laut gesprochen, sind seine Rettung und sogleich der Weg. Er muss keine Entscheidungen mehr treffen, das Leben hat sich schon für ihn entschieden. Sein Erkennen hat ihn schon gerettet. Sein Leben offenbart sich von allein, wenn er die richtige Einstellung dazu hat.

EIN BLATT ZWEI BLATT DREI BLATT EIN BLATT ZWEI BLATT DREI BLATT
EIN BLATT ZWEI BLATT DREI BLATT EIN BLATT ZWEI BLATT DREI BLATT
EIN BLATT ZWEI BLATT DREI BLATT EIN BLATT ZWEI BLATT DREI BLATT
EIN BLATT ZWEI BLATT DREI BLATT EIN BLATT ZWEI BLATT DREI BLATT
EIN BLATT ZWEI BLATT DREI BLATT EIN BLATT ZWEI BLATT DREI BLATT
EIN BLATT ZWEI BLATT DREI BLATT EIN BLATT ZWEI BLATT DREI BLATT
EIN BLATT ZWEI BLATT DREI BLATT EIN BLATT ZWEI BLATT DREI BLATT
EIN BLATT ZWEI BLATT DREI BLATT EIN BLATT ZWEI BLATT DREI BLATT
EIN BLATT ZWEI BLATT DREI BLATT EIN BLATT ZWEI BLATT DREI BLATT
EIN BLATT ZWEI BLATT DREI BLATT EIN BLATT ZWEI BLATT DREI BLATT
EIN BLATT ZWEI BLATT DREI BLATT EIN BLATT ZWEI BLATT DREI BLATT
EIN BLATT ZWEI BLATT DREI BLATT EIN BLATT ZWEI BLATT DREI BLATT
EIN BLATT ZWEI BLATT DREI BLATT EIN BLATT ZWEI BLATT DREI BLATT
EIN BLATT ZWEI BLATT DREI BLATT EIN BLATT ZWEI BLATT DREI BLATT
EIN BLATT ZWEI BLATT DREI BLATT EIN BLATT ZWEI BLATT DREI BLATT
EIN BLATT ZWEI BLATT DREI BLATT EIN BLATT ZWEI BLATT DREI BLATT
EIN BLATT ZWEI BLATT DREI BLATT EIN BLATT ZWEI BLATT DREI BLATT
EIN BLATT ZWEI BLATT DREI BLATT EIN BLATT ZWEI BLATT DREI BLATT
EIN BLATT ZWEI BLATT DREI BLATT EIN BLATT ZWEI BLATT DREI BLATT
EIN BLATT ZWEI BLATT DREI BLATT EIN BLATT ZWEI BLATT DREI BLATT
EIN BLATT ZWEI BLATT DREI BLATT EIN BLATT ZWEI BLATT DREI BLATT
EIN BLATT ZWEI BLATT DREI BLATT EIN BLATT ZWEI BLATT DREI BLATT
EIN BLATT ZWEI BLATT DREI BLATT EIN BLATT ZWEI BLATT DREI BLATT
EIN BLATT ZWEI BLATT DREI BLATT EIN BLATT ZWEI BLATT DREI BLATT
EIN BLATT ZWEI BLATT DREI BLATT EIN BLATT ZWEI BLATT DREI BLATT
EIN BLATT ZWEI BLATT DREI BLATT EIN BLATT ZWEI BLATT DREI BLATT
EIN BLATT ZWEI BLATT DREI BLATT EIN BLATT ZWEI BLATT DREI BLATT
EIN BLATT ZWEI BLATT DREI BLATT EIN BLATT ZWEI BLATT DREI BLATT
EIN BLATT ZWEI BLATT DREI BLATT EIN BLATT ZWEI BLATT DREI BLATT
EIN BLATT ZWEI BLATT DREI BLATT EIN BLATT ZWEI BLATT DREI BLATT

EIN BLATT ZWEI BLATT DREI BLATT EIN BLATT ZWEI BLATT DREI BLATT
EIN BLATT ZWEI BLATT DREI BLATT EIN BLATT ZWEI BLATT DREI BLATT
EIN BLATT ZWEI BLATT DREI BLATT EIN BLATT ZWEI BLATT DREI BLATT
EIN BLATT ZWEI BLATT DREI BLATT EIN BLATT ZWEI BLATT DREI BLATT
EIN BLATT ZWEI BLATT DREI BLATT EIN BLATT ZWEI BLATT DREI BLATT
EIN BLATT ZWEI BLATT DREI BLATT EIN BLATT ZWEI BLATT DREI BLATT
EIN BLATT ZWEI BLATT DREI BLATT EIN BLATT ZWEI BLATT DREI BLATT
EIN BLATT ZWEI BLATT DREI BLATT EIN BLATT ZWEI BLATT DREI BLATT
EIN BLATT ZWEI BLATT DREI BLATT EIN BLATT ZWEI BLATT DREI BLATT
EIN BLATT ZWEI BLATT DREI BLATT EIN BLATT ZWEI BLATT DREI BLATT
EIN BLATT ZWEI BLATT DREI BLATT EIN BLATT ZWEI BLATT DREI BLATT
EIN BLATT ZWEI BLATT DREI BLATT EIN BLATT ZWEI BLATT DREI BLATT
EIN BLATT ZWEI BLATT DREI BLATT EIN BLATT ZWEI BLATT DREI BLATT
EIN BLATT ZWEI BLATT DREI BLATT EIN BLATT ZWEI BLATT DREI BLATT
EIN BLATT ZWEI BLATT DREI BLATT EIN BLATT ZWEI BLATT DREI BLATT
EIN BLATT ZWEI BLATT DREI BLATT EIN BLATT ZWEI BLATT DREI BLATT
EIN BLATT ZWEI BLATT DREI BLATT EIN BLATT ZWEI BLATT DREI BLATT
EIN BLATT ZWEI BLATT DREI BLATT EIN BLATT ZWEI BLATT DREI BLATT
EIN BLATT ZWEI BLATT DREI BLATT EIN BLATT ZWEI BLATT DREI BLATT
EIN BLATT ZWEI BLATT DREI BLATT EIN BLATT ZWEI BLATT DREI BLATT
EIN BLATT ZWEI BLATT DREI BLATT EIN BLATT ZWEI BLATT DREI BLATT
EIN BLATT ZWEI BLATT DREI BLATT EIN BLATT ZWEI BLATT DREI BLATT
EIN BLATT ZWEI BLATT DREI BLATT EIN BLATT ZWEI BLATT DREI BLATT
EIN BLATT ZWEI BLATT DREI BLATT EIN BLATT ZWEI BLATT DREI BLATT
EIN BLATT ZWEI BLATT DREI BLATT EIN BLATT ZWEI BLATT DREI BLATT
EIN BLATT ZWEI BLATT DREI BLATT EIN BLATT ZWEI BLATT DREI BLATT
EIN BLATT ZWEI BLATT DREI BLATT EIN BLATT ZWEI BLATT DREI BLATT
EIN BLATT ZWEI BLATT DREI BLATT EIN BLATT ZWEI BLATT DREI BLATT

EIN BLATT ZWEI BLATT DREI BLATT EIN BLATT ZWEI BLATT DREI BLATT
EIN BLATT ZWEI BLATT DREI BLATT EIN BLATT ZWEI BLATT DREI BLATT
EIN BLATT ZWEI BLATT DREI BLATT EIN BLATT ZWEI BLATT DREI BLATT
EIN BLATT ZWEI BLATT DREI BLATT EIN BLATT ZWEI BLATT DREI BLATT
EIN BLATT ZWEI BLATT DREI BLATT EIN BLATT ZWEI BLATT DREI BLATT
EIN BLATT ZWEI BLATT DREI BLATT EIN BLATT ZWEI BLATT DREI BLATT
EIN BLATT ZWEI BLATT DREI BLATT EIN BLATT ZWEI BLATT DREI BLATT
EIN BLATT ZWEI BLATT DREI BLATT EIN BLATT ZWEI BLATT DREI BLATT
EIN BLATT ZWEI BLATT DREI BLATT EIN BLATT ZWEI BLATT DREI BLATT
EIN BLATT ZWEI BLATT DREI BLATT EIN BLATT ZWEI BLATT DREI BLATT
EIN BLATT ZWEI BLATT DREI BLATT EIN BLATT ZWEI BLATT DREI BLATT
EIN BLATT ZWEI BLATT DREI BLATT EIN BLATT ZWEI BLATT DREI BLATT
EIN BLATT ZWEI BLATT DREI BLATT EIN BLATT ZWEI BLATT DREI BLATT
EIN BLATT ZWEI BLATT DREI BLATT EIN BLATT ZWEI BLATT DREI BLATT
EIN BLATT ZWEI BLATT DREI BLATT EIN BLATT ZWEI BLATT DREI BLATT
EIN BLATT ZWEI BLATT DREI BLATT EIN BLATT ZWEI BLATT DREI BLATT
EIN BLATT ZWEI BLATT DREI BLATT EIN BLATT ZWEI BLATT DREI BLATT
EIN BLATT ZWEI BLATT DREI BLATT EIN BLATT ZWEI BLATT DREI BLATT
EIN BLATT ZWEI BLATT DREI BLATT EIN BLATT ZWEI BLATT DREI BLATT
EIN BLATT ZWEI BLATT DREI BLATT EIN BLATT ZWEI BLATT DREI BLATT
EIN BLATT ZWEI BLATT DREI BLATT EIN BLATT ZWEI BLATT DREI BLATT
EIN BLATT ZWEI BLATT DREI BLATT EIN BLATT ZWEI BLATT DREI BLATT
EIN BLATT ZWEI BLATT DREI BLATT EIN BLATT ZWEI BLATT DREI BLATT
EIN BLATT ZWEI BLATT DREI BLATT EIN BLATT ZWEI BLATT DREI BLATT
EIN BLATT ZWEI BLATT DREI BLATT EIN BLATT ZWEI BLATT DREI BLATT
EIN BLATT ZWEI BLATT DREI BLATT EIN BLATT ZWEI BLATT DREI BLATT
EIN BLATT ZWEI BLATT DREI BLATT EIN BLATT ZWEI BLATT DREI BLATT
EIN BLATT ZWEI BLATT DREI BLATT EIN BLATT ZWEI BLATT DREI BLATT
EIN BLATT ZWEI BLATT DREI BLATT EIN BLATT ZWEI BLATT DREI BLATT
EIN BLATT ZWEI BLATT DREI BLATT EIN BLATT ZWEI BLATT DREI BLATT

Werde du und sei Gott,
das ist der Sinn deines Lebens.

NACHWORT

Man kann das Meditieren nicht von anderen lernen, und man kann es auch niemandem beibringen. Jeder muss Zeit mit sich selbst verbringen, um es zu verstehen. Muss anfangen, zu schweigen, sich einhüllen lassen von der Stille. Meditation findet im Herzen statt, die Körperhaltung ist nicht so wichtig, der Kopf wird nicht gebraucht. Es ist normal, dass sich ständig Gedanken in die Stille schieben wollen, das ist ihre starke Gewohnheit. Auch Emotionen tauchen auf, nicht selten Wut oder Verzweiflung. Darüber sollte man dann nicht nachdenken, sondern nur fühlen und wieder die Stille suchen. Es ist am Anfang, wie nach einem Fisch zu greifen, der einem ständig wieder aus der Hand flutscht. Es dauert eine Weile, aber irgendwann hält man ihn doch fest. Bindet man die Stille in sich so an, dass sie bleibt.

Der Mensch zählt die DREI BLATT, um sich an das Wesentliche im Leben zu erinnern. Daran, dass er geliebt ist. Er erfährt Liebe entweder nach langer Zeit wieder oder überhaupt zum ersten Mal. Mit dieser Erfahrung wird sich alles in ihm verwandeln. Er kehrt zum Leben zurück und zu sich selbst. Er war nur mal ausgegangen, um wieder heimzukommen, und diese DREI BLATT haben ihm bloß geholfen, den Weg zurück zu finden. Sie haben ihm seine Lebensgeschichte erzählt. EIN BLATT, ZWEI BLATT, DREI BLATT. EIN BLATT, ZWEI BLATT, DREI BLATT. EIN BLATT, ZWEI BLATT, DREI BLATT. ...

Jeder Mensch entwickelt seine eigene Meditationsart, denn die Geschwindigkeit der Gedankenspirale ist bei allen Menschen verschieden. Er braucht so viel Zeit, wie er eben braucht, um den Kopf wieder zu entschleunigen. Seine Meditation entfaltet sich von innen heraus. Er schließt die Augen und öffnet sein verstehendes Herz, auf seine Art und Weise.

Stille wird aus dem Innern des Menschen geboren. Das Bewusstsein durchwandert einen Reifeprozess, und er sollte innerlich dafür bereit sein, sein Denken dem Schweigen unterzuordnen. Gedankenstille entsteht beim Zählen der DREI BLATT automatisch, allerdings muss man es üben. Immer wieder EIN BLATT, ZWEI BLATT, DREI BLATT. Über einen längeren Zeitraum hinweg wird daraus das, was man allgemein »Meditieren« nennt. Der Mensch erfährt es einfach, ohne zu wissen, was genau es ist oder wie konkret er es erreicht. Sein Glücklichsein allein zeigt ihm an, dass es geschieht. Es ist egal, ob er geht, steht, sitzt oder liegt, die Erfahrung der Stille ist immer und überall möglich.

Beim Meditieren versetzt man den unruhigen Verstand in einen Zustand der Monotonie, aber der göttliche Geist wacht friedlich. Hat man einen gedankenfreien Zustand erreicht, gibt es nur noch das fühlende Herz. Die Liebe, die darin wohnt, zählt: EIN BLATT, ZWEI BLATT, DREI BLATT ...

SCHON ERSCHIENEN

Gunther Scheuring
Gedichtbände – 2 mal ICH

Band 1: ISBN 978-3-86901-943-7
Band 2: ISBN 978-3-86901-944-4
Band 3: ISBN 978-3-86901-945-1

Gunther Scheuring
Liebe/Angst – *Gedichtband Wendebuch*
ISBN 978-3-95488-440-7

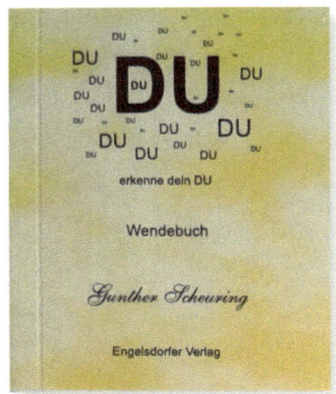 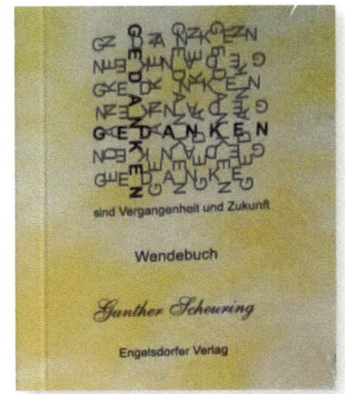

Gunther Scheuring
DU/Gedanken – *Gedichtband Wendebuch*
ISBN 978-3-86268-962-0

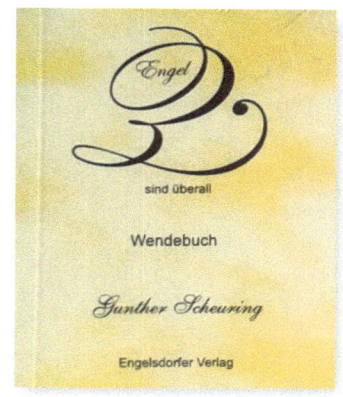

Gunther Scheuring
Engel/Mensch – *Gedichtband Wendebuch*
ISBN 978–3–95488–441–4

Gunther Scheuring
Weg/Ego – *Gedichtband Wendebuch*
ISBN 978–3–95488–439–1

Gunther Scheuring
Licht/Dunkelheit – *Gedichtband Wendebuch*
ISBN 978–3–95488–437–7

Gunther Scheuring
Gelassenheit/Wut – *Gedichtband Wendebuch*
ISBN 978–3–95488–438–4

Gunther Scheuring
DIE CHANCE AUF LIEBE

tao.de

Gunther Scheuring
Die Chance auf Liebe

Paperback | 207 Seiten
ISBN 978-3-347-10727-4

DIE CHANCE AUF LIEBE HABEN ALLE. ERKENNEN TUN SIE NUR WENIGE, ERFAHREN KANN SIE JEDER.

ISBN-CODE
€ 9,99 [D]

Gunther Scheuring
DER WEG ZUR LIEBE

Gunther Scheuring
Der Weg zur Liebe

Paperback | 315 Seiten
ISBN 978–3–7497–3896–0

DER KÖRPER IST DAS ABBILD
DES PSYCHISCHEN INNEN LEBENS,
WELCHES DER MENSCH
SICH SELBST ERSCHAFFT.

GEDANKEN SIND DINGE,
DIE NICHT IMMER
VON NUTZEN SIND.

WEDER DIE VERGANGENHEIT
NOCH DIE ZUKUNFT
IST BESTIMMEND FÜR MICH.

DAS JETZT IST MEIN LEBEN.

Verlag: tredition   € 12,99 [D]
ISBN 978-3-7497-3896-0

9783749738960

Gunther Scheuring
ANGST macht krank
Wendebuch

Gunther Scheuring
ANGST macht krank
LIEBE heilt
Wendebuch

Paperback | 300 Seiten
ISBN 978–3–347–10727–4

Gunther Scheuring

LIEBE heilt

Wendebuch

ERSCHEINT DEMNÄCHST

Gunther Scheuring

Gib die Hoffnung nicht auf

Der Mensch,
er will geliebt sein.
Das sich verändern ist es,
welches glücklich macht.

Gunther Scheuring
Gib die Hoffnung nicht auf

Gunther Scheuring

Die Seele und der Mensch darin

Gunther Scheuring
**Die Seele und
der Mensch darin**

Dieses Leben

gehört mir

Zeitfracht Medien GmbH
Ferdinand-Jühlke-Straße 7
99095 Erfurt, Deutschland
produktsicherheit@kolibri360.de